अनामिका

चुनिंदा कवियों की चुनिंदा कविताएं

संपादक

राजीव कुमार झा

Book   : Anamika

Editor   : Rajeev Kumar Jha

Edition   : 1st (March, 2021)

ISBN   : 978-93-87856-48-6

© Composition Author

Published by

A imprint of - **PRACHI DIGITAL PUBLICATION**

Gaytri Vihar, Phase - 1, Jawahar Nagar,
Udham Singh Nagar -263149, Uttarakhand,
E-mail : editor@taneeshapublishers.in
Contact : 9760417980, 9760418103

अनुक्रमणिका

मानव हृदय के आवेगों को एक निश्चित पैटर्न देना ही कविता है। लयबद्ध करने वाली शर्त आज की कविताओं के साथ नहीं रही। छंद युक्त कविताओं की परम्परा को दीनबंधु निराला ने ही तोड़ दिया था और लिखा था– मैं तोड़ती पत्थर।

दरअसल कविता उन मूल और आदिम मनोवृतियों का व्यवसाय है जो सजीव सृष्टि के बीच सुख दुख की अनुभूति से विरूप परिणाम द्वारा अत्यंत प्राचीन कल्प में प्रकट हुई और जिनके सूत्र से शेष सृष्टि के साथ तादात्म्य का अनुभव मनुष्य जाति आदिकाल से करती चली आयी है।

हम जैसा होते हैं वैसा सोंचते हैं और जैसा सोंचते हैं वैसा लिखते हैं। एक कवि की रचनाओं पर उसके वातावरण, उसकी मानसिकता, उसकी सोच, उसके परिवेश का बहुत असर होता है। जो साहित्यकार यह कहते हैं कि काव्य का मुख्य उद्देश्य मनोरंजन होता है; मेरी समझ से वे कविताओं के मूल उदेश्य के साथ एकतरफा व्यवहार करते हैं। कविताओं का उद्देश्य मनोरंजन के बाद भी है। कविताएं समाज को संदेश दिया करती हैं। लोगों को रास्ता दिखलाती हैं। अत्याचार के विरुद्ध आंदोलन के लिए जनमानस को तैयार करती हैं।

यह जरूरी नहीं है कि किसी कवि की कविताओं को तत्काल हीं पाठक अपार स्नेह दे दें। मुक्तिबोध की कविताओं को उनके जीवन काल में शायद हीं किसी नें वह महत्व दिया जिसके वह हकदार थे। लेकिन आज यदि आपने उन्हें नहीं पढ़ा तो कुछ नहीं पढ़ा। एक रचनाकार वहीं हैं जो अधिक से अधिक अध्ययन करता है। अपनी जानकारी,

अपनी कल्पना के कैनवास को दिन ब दिन बढ़ाता है। जिसने पढ़ा नहीं है वह लिखेगा भी नहीं यह बात बिलकुल साफ है। नियमित अध्ययन का कोई विकल्प नहीं।

एक संपादक के रूप में मेरा पहला प्रयास है –अनामिका। इस काव्य संग्रह में शामिल सभी रचनाकारों नें अनामिका को एक नया आयाम देने की भरपूर कोशिश की है। लेकिन मेरे लिए उनकी कविताओं में से कुछ को चुनना या कुछ को उन्हें वापस लौटाना बड़ा मुश्किल था। बावजूद इसके हम सब ने मिलकर यह प्रयास किया कि पाठकों तक हमारी चयनित कविताओं का एक संदेश पहुंचे। अनामिका काव्य संग्रह को एक निश्चित समय में पाठकों तक पहुंचाने के लिए प्राची डिजिटल पब्लिकेशन और इसमें शामिल सभी रचनाकार बधाई के पात्र हैं।

इस काव्य संग्रह की कविताएँ पाठकों के मानस पटल पर अपना छाप छोड़ेंगी हम ऐसी कामना करते हैं।

अनामिका अब आपके हवाले।

राजीव कुमार झा
(संपादक)

राजीव कुमार झा

जन्म	:	31 जुलाई 1983 को बिहार के पूर्वी चंपारण के सोरपनिया में जन्म।
सम्प्रति	:	मोतिहारी में बिहार सरकार के अधीन मुजीब बालिका उच्चतर माध्यमिक विद्यालय में भाषा के शिक्षक के रूप में सेवारत।
गतिविधियाँ	:	आर्थिक तंगी का दंश झेलते बच्चों की नि:शुल्क शिक्षा के लिए एक कार्यक्रम "मिशन मुजीब" का संचालन। जिसके अन्तर्गत सरकारी विद्यालयों में अध्ययनरत आर्थिक तौर पर पिछड़े हुए बच्चे नि:शुल्क पढ़ सकते हैं। बिहार बोर्ड के बच्चों के लिए उनका एक यू ट्यूब चैनल भी है –"पढ़े बिहार बढ़े बिहार"।
अन्य	:	शिक्षक की सेवा से पहले एक पत्रकार के तौर पर हिंदुस्तान, प्रभात खबर, सर्वोदय, जागृति टाइम्स (सभी हिन्दी दैनिक), बिहारी खबर, गाँव कनेकशन, कुबेर टाइम्स, कामता टुडे, नॉर्थ इंडिया टाइम्स (सभी साप्ताहिक), द लाइट ऑफ बिहार, सेवेन डेज (मासिक) पत्र पत्रिकाओं में अपनी लेखनी चलायी।
साहित्य प्रेम	:	हमेशा से साहित्य से गहरा जुड़ाव रहा है। अपनी भावनाओं, अपने अनुभव, अपने विचारों, अपनी सोंच को शब्दों में, छंदों में, कहानियों में पिरोते रहे हैं, जो अब भी जारी है।
प्रकाशन	:	आर्यावर्त, हिंदुस्तान, प्रभात ख़बर, बिहारी ख़बर जैसी कई पत्र-पत्रिकाओं में कविताएं और कहानियाँ प्रकाशित।
प्रकाशित कृतियाँ	:	बंद पन्ने (काव्य संग्रह), ज़ीरो नबर (कहानी संग्रह)
शीघ्र प्रकाशित	:	#क्या लिखूँ मैं (काव्य संग्रह), #दी राइटर्स, #डिबिया, #ख़ाकी, #मेरी पत्रकारिता।

तुम सब जानती थी माँ

तुम सब जानती थी माँ !
हड्डियों को कंपा
देने वाली
उस शरद ऋतु में
अहले सुबह
तीन बजकर
पचपन मिनट पर
सबके न चाहने पर भी
मैं आ हीं गयी थी
तुम्हारी बेटी
चौथी बेटी अनामिका ।
और–
मेरे आने पर,
देखा था तुमने!
कैसे सूख गया था
मेरी दादी का मुंह
और–
दादा जी ने कैसे
रख लिया था
अपने सर पर हांथ
आख़िर क्यूँ ?
तुम सब जानती थी माँ !
सुबह सात बजे तक
आखिरकार
फ़ैल हीं गयी थी
यह ख़बर

अपने पड़ोस में
और खिल गया था
सबका चेहरा
मेरे आने पर नहीं माँ !
तुम्हारी कोंख से
फ़िर से एक बेटी
पैदा होने पर
आख़िर क्यूँ ?
तुम सब जानती थी माँ !
गाँव के हीं
"सुखनी चाची" को
बुला लाए थे
मेरे पापा
तुम्हारी देख भाल को ।
तुम्हें इस बार नहीं
कराया गया था
अस्पताल में भर्ती ।
वह जान गए थे
पहले हीं
मैं होने वाली हूँ
तुम्हारी चौथी बेटी ।
मुझे पता है माँ
एक निजी क्लीनिक वाले ने
बारह सौ रुपये लेकर
चुपके से दे दिया था
यह दुःखद संदेश
जो था कानूनन ज़ुर्म
और एक संगीन अपराध भी

तुम सब जानती थी माँ !
और माँ –
मैं आयी भी तो क्या आयी
कहाँ आयी ?
जब सूख गए थे
तुम्हारे स्तन !
उनसे नहीं उतरता था
दूध का
एक भी बूंद !
तुम्हें खिलाया भी
नहीं जाता था
पहले की तरह
सतावर, मुलहठी,
अदरक का हलवा
और –
पिलायी भी नहीं
जाती थी
पहले की तरह
मसूर की दाल ।
घर के कुछ लोगों नें
सुझाया था
दादी अम्मा को
कि –
मुझे चटा दिया जाए
नमक
और ख़त्म
कर दिया जाए
मेरा किस्सा जल्द हीं

चुपके-चुपके ।
आखिर क्यूँ –
तुम सब जानती थी माँ !
आठ वर्षों तक
मैं करती रही थी
इंतज़ार
कि मैं भी कभी
अपने पीठ पर
स्कूल बैग टाँगे
जाऊँगी पढ़ने ।
डॉक्टर बाबू के
बच्चों की तरह
साथ में ले जाऊँगी
गाजर के हलवे
और चार पराठों
से भरा लंच बॉक्स
मगर मेरा यह सपना
रह गया अधूरा
अपनी तीसरी बहन
की तरह ।
आखिर क्यूँ?
तुम सब जानती थी माँ !
ठीक तेरहवें साल
सुबह सात बजे
आए थे कुछ लोग
मैंने देखा था
बालकनी वाली खिड़की से,
और समझ गयी थी मैं

वे मुझे देखने आए थे
अपने घर की बहू बनाने को ।
और दादी माँ के
ठीक सामने बैठे
जिस सख़्स को
मैं समझ रही थी
दूल्हे का पिता
वहीं था मेरा पति !
मेरा होने वाला पति ।
क्या यह मेरा
सौदा हो रहा था ?
या दी जा रही थी
मुझे एक दर्दनाक सजा
बस इसलिए
कि मैं थी तुम्हारी बेटी
चौथी बेटी अनामिका !
आखिर क्यूँ ?
तुम सब जानती थी माँ !
मुझे याद है
घर से विदाई का वह दिन !
दो सूटकेस के साथ
मुझे कैसे एक
छोटी सी कार में
तुमने जबरन बैठाया था
जिसमें नहीं बैठना
चाहती थी मैं
अपने पिता की उम्र के
मगर जानवर से

दिखने वाले
उस सख़्स के साथ
जो बनाया गया था
अब मेरा पति ।
और उस दिन !
कोई मेरा गला पकड़े
रोया भी नहीं एक बार ,
पिता जी ने भी
नही लगाया
अपने गले से मुझे ।
दादी ने नहीं मिलायीं
मुझसे एक बार भी
अपनी नज़रें ।
मैं भींगती रही
सूखती रही
आँसुओं की नमकीन
बारिश में
तन्हा टूटी हुई ।
आख़िर क्यूँ ?
तुम सब जानती थी माँ !
वहाँ ससुराल में
मैं थी
उनकी चौथी बीबी !
पिछली तीन
बीबियों से नहीं हो सका
जब कोई बेटा
जब हो गयी उनसे
दस बेटियाँ

जिनमें चार को
मार डाला गया था
गर्भ में ही
तब तुम्हारे पति ने
हाँ !
मेरे पिता ने
कर दिया मेरा सौदा
आख़िर क्यूँ ?
तुम सब जानती थी माँ !

तुम्हारे न होने का अर्थ

तुम्हारे न होने का
अर्थ भी मेरे लिए
अनंत है ।
तुम्हारे बिना
तुम्हारा न होना भी
निरर्थक है ।
तुम्हारे न होने का
अर्थ भी अगर –
ज़िंदगी में मेरी
हार है ,
वह भी
परिचायक है,
द्योतक है –
मेरी असीमित
कोशिशों की ।
तुम्हारे न होने का
अर्थ भी अगर
तुम्हारा
प्रतिकार है
वह भी
करता है संकेत
कभी तुमसे
अनुराग का ,
तुमसे असीमित
प्यार का ।
क्यूंकि बिना

अनुराग के
भला
विराग भी उत्पन्न
होता है !!
और बिना
विराग के
भला कहीं
उत्पन्न होता है
प्रतिकार भी !!
तुम्हारे न होने
का अर्थ भी अगर
मेरे सपनों के
धराशायी होने
की कहानी है
वह भी
तुम्हारे अनंत
अलौकिक प्रेम
की बुनियाद पर
मेरे सपनों के
कृत्रिम महल
के खड़ा होने का
सबूत है ।
क्यूंकि
धराशायी तो
महलें ही
हुआ करती हैं
चाहे वह प्रेम
की ही हो ।

या हों
शक और स्वार्थ के
तंबुओं में जकड़े
कमज़ोर रिश्तों की ।
तुम्हारे न होने का
अर्थ भी अगर
मेरे जीवन का
अंधेरा है
वह भी साक्ष्य है
एक अलौकिक
उजाले का ।
बेशक खड़ा है वह
श्रद्धा के द्वार पर
लगे हुए
किसी अपने
की राह तकते
तालों सा ।
क्यूंकि –
अँधेरों से पहले
या अँधेरों के बाद
होती है
एक मौन दास्ताँ
उजालों की ।
और अंत में –
तुम्हारे न होने का
अर्थ भी मेरे लिए
अनंत कारण
लिए हुए हैं ।

श्रवण कुमार दूबे

पिता का नाम	:	स्व0 श्रीराम सागर दूबे
माता का नाम	:	श्रीमती गुजराती देवी
जन्म तिथि	:	10/09/1986
शैक्षिक योग्यता	:	परास्नातक (इतिहास), बी.एड., TET Qualified Upper Primary Lavel, (2011 – सामाजिक विषय, 2013 –अंग्रेजी)
पता	:	ग्राम –लखनपुरवा पोस्ट–सेहुड़ा कला थाना–रुधौली जिला–बस्ती, उ0प्र0, पिनकोड–272148
संप्रति	:	प्रभारी जिला समन्वयक सोशल आडिट जनपद–बस्ती।
संपर्क	:	9452610501
प्रकाशित कृतियाँ	:	अनामिका, 2021 (साझा काव्य संग्रह)
अन्य उपलब्धियाँ	:	दो दिवसीय अन्तराष्ट्रीय ई–संगोष्ठी में सहभागिता प्रमाण पत्र, 2020, राष्ट्रीय ग्रामीण विकास एवं पंचायती राज संस्थान, भारत सरकार द्वारा प्रशिक्षण प्रमाण पत्र, 2020 और राजकीय महाविद्यालय रुधौली, बस्ती द्वारा राष्ट्रीय वेबिनार में प्रतिभाग हेतु प्रमाण पत्र, 2020
ई–मेलआईडी	:	sbsac91@gmail.com

बुढ़ापा

बचपन बीता अनजाने में , यौवन बीता रंग रलियों में ।
जीवन का अब चौथापन , ठोकर खाता है गलियों में ।।
दु:ख हाय !अब यही जीवन का, यूँ सहा नही जाता है ।
आँखो में चिन्ता के आँसू, अकेले रहा नही जाता है ।।
चांदनी रात भी मानों चिन्गारी बरसाती है ।
मधुर वायु की धारा भी, बूढे तन को दहकाती है ।।
मुख से कुछ शब्द निकल पाये, कुछ अन्दर ही रह जाते हैं ।
दिवसावसान का समय हुआ, शायद हम जान न पाते हैं ।।
तन भी हो गया जीर्ण-शीर्ण, रातों को खांसी आती है ।
तिनका पर्वत सा लगता अब, काली रात डराती है ।।
मुख में न रहें अब एक दाँत, चेहरे पर झुर्रियां पड़ी ।
जिन हाथों मे गिल्ली-डण्डे, अब भारी पड़ती हुई छड़ी ।।
जग जीवन बीत गया सारा, जीने का ढंग तभी आया ।
अनजाने सफर में जीवन के, सब खोया कुछ न पाया ।।
संघर्ष किया जिसने पूरा है, लक्ष्य उसी को मिल पाया ।
परिवर्तन है ऐसा नियम, कभी धूप कभी बादल छाया ।।
तेज दुपहरी तपती है, पूरब में होता उदयाँचल ।
फिर रात सुहानी आती है, जब पश्चिम होता अस्तांचल ।।

ऋतुराज बसन्त तेरा वंदन

ऋतु बसन्त देखो आयी, कलियाँ कैसी अब मुसकायीं
फूलों से लदी आम्र डाली, गाती मधुर कोयल काली।
पीले सरसों के पुष्प खिले, ओस-बिन्दु मिल रहें गले,
गेहँ में हरीतिमा छायी, बेरों की डाल लटक आयी।
मदमस्त हवाएँ चलती हैं, तरु शाखा भी अब हिलती हैं,
सहतूतों के सुन्दर गुच्छे, हैं दौड़ पड़े उन पर बच्चें।
अरहर भी अब मुस्काती है, मटर लटक शर्माती है,
अमरूद पके हैं अब पीले, अलसी के फूल लगे नीले।
मधुर पछुवा चलती है, नित नूतन कलियाँ खिलती हैं,
ध्वनि होली गीतों के आते अब, हैं रंग गुलाल उड़ाते सब।
ऋतुराज बसन्त तेरा वंदन, नूतन कलियों का अभिनन्दन।

नारी तुझे नमन

सृष्टि सृजन की मूल बिन्दु जो आदि शक्ति कहलाती है,
परम पूज्यनीय रूप जिसके, वो नारी कहलाती है।
जीवन के प्रथम भाग में, अवलम्बन बन रहती है,
नारी का पावन रूप सही, जो पग-पग दुःख सहती है।
जननी शक्ति न करती, यदि प्राणियों को कृतार्थ,
अस्तित्व नहीं हो पाता, होता न सृजन चरितार्थ।
जो स्तनपान कराती है, अंगुलियाँ पकड़ चलाती है,
सद्ज्ञान का बोध कराती है, रातों को लोरी गाती है।
जीवन प्रदान करने वाली, तेरी महिमा का वन्दन है,
ब्रह्माण्ड को गति देने वाली, तेरा ही अभिनन्दन है।
देव-प्रतीकों में पहले, स्थान तो तेरा नारी है,
गौरी-शंकर, शची-पुरन्दर, राधा पश्चात मुरारी है।
तू ही तुष्टि, तू ही तृप्ति, तू शान्ति रूप अति पावन है,
तू भक्ति-शक्ति एवं समृद्धि, तेरा रूप मन भावन है।
बन कर सावित्री तो तुम, यमराज से जीत गयी,
अनसूइया तेरी गोदी में, त्रिदेवों को अति प्रीति हुई।
जीवन बसन्त देने वाली, तुझसे ही खिलता बचपन,
ऐ! त्रिपदा नारी तुझको, शत बार नमन शत बार नमन।

डॉ. अन्जु बेनीवाल

डॉ. अन्जु बेनीवाल मानवशास्त्र व समाजशास्त्र में स्नातकोत्तर व नेट उत्तीर्ण है आपको 16 वर्ष का अध्यापन कार्य का अनुभव है। आपके ख्यातिलब्ध राष्ट्रीय/अन्तर्राष्ट्रीय शोध पत्रिकाओं एवं सम्पादित पुस्तकों में 45 से अधिक शोध-पत्र प्रकाशित हो चुके है आप कई पुस्तकों की लेखिका है। आपने 50 से अधिक राष्ट्रीय एवं अन्तर्राष्ट्रीय संगोष्ठियों में पत्र-वाचन किये है। अनेक राष्ट्रीय/अन्तर्राष्ट्रीय संगोष्ठियों में तकनीकी सत्र की अध्यक्षता तथा मुख्य वक्ता के रूप में आपने भूमिका का निर्वहन किया है। अकादमिक उद्देश्यों से आपने अनेक विदेश यात्राएँ भी की है। सेंगड विश्वविद्यालय (हंगरी), योकोहामा (जापान) में पत्र-वाचन, वियना (ऑस्ट्रिया) तथा टोरेंटो (कनाडा) में शोध पत्र- वाचन के साथ तकनीकी सत्र की अध्यक्षता भी की है।

इंटरनेशनल सोशियोलॉजिकल एसोसिएशन (ISA), भारतीय समाजशास्त्र परिषद (ISS), ऑल इण्डिया पॉलिटिकल साइंस एसोसिएशन (IPSA) आदि अनेक अकादमिक संस्थाओं की आप सदस्या हैं। आपको प्रतिष्ठित ओ.पी. शर्मा पुरस्कार, यंग सोशियल साइंटिस्ट अवार्ड, यंग स्कॉलर अवार्ड आदि से सम्मानित किया गया है।

आप अनेक राष्ट्रीय/अन्तर्राष्ट्रीय शोध-पत्रिकाओं के संपादक एवं सलाहकार मण्डल में सक्रिय सदस्या हैं। ISA (RC13) में बोर्ड सदस्य के रूप में आपका चुनाव उल्लेखनीय उपलब्धि है। अभी आपकी 80 स्वरचित कविताओं का संकलन "ख्याल" प्रकाशित हुआ तथा अनेक राष्ट्रीय काव्य पाठ वेबिनार में काव्य पाठ किया है तथा मुख्य अतिथि की भूमिका का निर्वहन किया है। वर्तमान में आप राजकीय मीरा कन्या (पी.जी.) महाविद्यालय उदयपुर में असिस्टेंट प्रोफेसर है।

हम

मिलने के बहाने कम न थे,
मगर हम दीवार बनाते रहे।
माफ भी किया जा सकता था,
मगर हम बस इल्जाम लगाते रहे।
वो कभी का पास से गुजर गया,
उसके जाने के बाद आवाज लगाते रहे।
न कर सके इजहार-ए-मुहब्बत,
वो फिर जिंदगी भर अश्क बहाते रहे।
दूरियां बना ली मजहब के नाम पर,
कभी मंदिर कभी मस्जिद बनाते रहे।
इंसानियत मरती रही रोज यहां,
हम किताबों में मानवता पढ़ाते रहे।
देवी बनाकर जिसे पूजा जाता कभी,
उसे इंसान के दर्जे से भी गिराते रहे।
अपने ही घर में महफूज नहीं वो,
जिसे घर की इज्जत बताते रहे।
डरा सहमा सा है हर शख्स यहां,
दोस्त बनकर लोग दुश्मनी निभाते रहे।
खुद से भी खुद का इत्तफाक नहीं,
हाल-ए-दिल बताने से भी घबराते रहे।
अंधेरी रात में जो छुप-छुप कर रोये,
उजालों में वो चेहरे मुस्कराते रहे।
जो मर चुके थे बरसों पहले,
ताउम्र हम उन रिश्तों को निभाते रहे।
कद्र न करी उसकी जो था जिंदगी में,
जो न मिला उसका मातम मनाते रहे।

खामोशियां

कुछ खामोशियाँ जिंदगी भर चुभती हैं,
कुछ खामोशियाँ जिंदगी बन जाती हैं ।
कुछ खामोशियाँ दर्द गहरे सहा करती हैं,
कुछ खामोशियाँ अंधेरों में रहा करती हैं ।
कुछ खामोशियाँ खामोश रहा करती हैं,
कुछ खामोशियाँ बहुत कुछ कहा करती हैं ।
कुछ खामोशियाँ रिश्तों को बचा लेती हैं,
कुछ खामोशियाँ सब तबाह कर देती हैं ।
कुछ खामोशियाँआंखों से बयाँ होती हैं,
कुछ खामोशियाँ दिल की जुबां होती हैं ।
कुछ खामोशियाँ लबों पर रुकी होती हैं,
कुछ खामोशियाँ घुटन से भरी होती हैं ।
कुछ खामोशियाँ सुकून-ए-दिल देती हैं,
कुछ खामोशियाँ जीना मुश्किल कर देती हैं ।
कुछ खामोशियाँ संगीन होती हैं ।
कुछ खामोशियाँ गमगीन होती हैं ।
कुछ खामोशियाँ किस्से सुनाती हैं ,
कुछ खामोशियाँ राज छिपाती हैं ।।

सोचती हूं

सोचती हूं कभी सब छोड़ कर चली जाऊं,
कभी अपने अरमानों की नई दुनिया बसाऊँ।
जहां दर्द न हो न हो टूट कर बिखरने का डर,
बेफिक्र होकर खुले आसमान में उड़ जाऊँ।
कितने ही ख्वाब जो बस ख्वाब ही रह गये,
जी लूँ हर ख्वाब को उम्मीदों के पंख लगाऊँ।
लबों तक आते-आते अकसर हंसी रुक गई,
खुल कर हंसू मैं क्यों न बेपरवाह बन जाऊं।
बंधती रही जिंदगी रस्मों रिवाजों में उम्र भर,
तोड़ कर जंजीरे खुद की एक पहचान बनाऊँ।
बड़ी बेरंग हो चली जिंदगी तन्हा रहते-रहते,
खुद से खुद की पहचान एक बार कराऊँ।
थक गई तेरी नजरों की मेहरबानी के लिये,
मुझमें ही मेरी खुशी है बस यह जान जाऊँ।
शिकायतें रही सदा ही लोगों को मेरे वजूद से,
सबको खुश रखने के लिए खुद को न सताऊं।
अपनी ही सांसों के लिए लड़ती रही सदा,
हक़ है मुझे भी जीने का यह सबको बताऊं।
पाया कुछ भी नहीं बस खुद को खो दिया,
रोशन कर लूं अंतर्मन को एक लौ बन जाऊँ।
नजरों से गिराते रहे जो न काबिल थे कभी,
खुद को सँवारुं खुद कुछ करके दिखलाऊँ।
बांधते रहे प्यार का नाम लेकर बेड़ियों में
कैद में खुश नहीं होती यह कैसे बतलाऊँ।
आसान नहीं होता पुरुष की तरह छोड़ देना,
स्त्री हूँ सब छोड़कर भी कुछ छोड़ न पाऊं।।

आज भी

आज भी अपने घर की खिड़की खुली रखती हूं,
ठंडी हवा के झोंके आज भी महसूस करती हूं।
घुटता है दम कभी लोगों की दकियानूसी सोच से,
आसमान में उड़ने का मादा आज भी रखती हूं।
बंदिशें लाख लगा ले जमाना मेरी खुली सोच पर,
दुनिया को बदलने का दम बेशक आज भी रखती हूं।
सवाल खड़े हो जाते है अकसर पहनावे पर मेरे,
मैं अपने वजूद के लिए आज भी लड़ सकती हूं।
नाकाम कोशिशें भी की जाती है मुझे तोड़ने की,
टूट कर हज़ार बार खुद को फिर जोड़ सकती हूं।
निगाहें जो नापती है खुले शरीर से मेरे चरित्र को,
उन निगाहों पर बेशक सवाल भी उठा सकती हूँ।
एक बार बस एक मौका तो दो बराबर का मुझे,
मैं नारी हूं बिना पंख उड़ कर दिखा सकती हूं।।

लगता है

लगता है बन गये हो तुम न छूटने वाली आदत,
अब तो रहेगी उम्र भर यूँ ही हमको तुम्हारी चाहत।
भटके अनजान राहों पर तेरी तलाश में उम्रभर,
तुझसे मिलकर खुद को जाना तो मिली राहत,
रंगों से भर गई जिंदगी जब से थामा तेरा हाथ,
रब से भी खूबसूरत लगने लगी पाक मुहब्बत।
खुद से ज्यादा यकीन हो चला है अब तुझपर,
बन गया है तू खुदा करती हूं अब तेरी इबादत,
सांसों में तेरी घुलकर मेरी सांस अब चल रही है,
बन गया है तू जीने की जैसे कोई ख़ास जरूरत।
दिन में भी देखने लगी है आंखें हसीन ख्वाब तेरे,
चेहरे से मायूसियां हो गयी तेरे आने से रुख़सत।
धूप में भी चलता है हर पल साथ बनकर तू साया,
धड़कने भी करने लगी है अब तो मुझसे बगावत।
मुरीद है मेरा थोड़ा-थोड़ा पढ़ता है मुझे हर रोज़,
जैसे जिंदगी के पन्नों में लिखनी हो कोई इबारत।

तकलीफ

तेरा मेरे पास होकर भी पास न होना तकलीफ देता है,
तेरा मेरा होकर भी अहसास न होना तकलीफ देता है।
तेरा मुझे समझकर भी न समझना तकलीफ देता है,
तेरा मुझे जान कर भी अनजान बनना तकलीफ देता है।
तेरा मेरा हाथ थाम कर फिर छोड़ देना तकलीफ देता है,
तेरा मेरे पास आते–आते रुख मोड़ देना तकलीफ देता है।
तेरा मुझे सपने दिखाकर हकीकत बताना तकलीफ देता है,
तेरा मुझे दिखाने के लिए प्यार जताना तकलीफ देता है।
तेरा मेरे वजूद को बार–बार नकारना तकलीफ देता है,
तेरा मुझे दर्द में कभी भी न पुकारना तकलीफ देता है।
तेरा मुझसे कभी कोई उम्मीद न रखना तकलीफ देता है,
तेरा मुझे देख कर नजर अंदाज कर देना तकलीफ देता है।
तेरा मेरी खामोशियों को न समझना तकलीफ देता है,
तेरा कभी–कभी बेवजह खामोश हो जाना तकलीफ देता है।
तेरा मेरे साथ होकर कहीं ओर खो जाना तकलीफ देता है।
तेरा तकलीफ में होकर मुझे न बताना तकलीफ देता है,
तेरा छोटी–छोटी बातों पर मुझे यूँ सताना तकलीफ देता है।

सुकून

सुकून की तलाश में भटक रहा यहाँ हर इंसान है,
खोज में खुद की खो रहा अपनी ही पहचान है।
हर नज़र ढूंढती है हमसफ़र जो साथ दे दूर तलक,
साथ चलकर भी जैसे एक दूसरे से अनजान है।
हर पल जूझ रहा है इंसान अपने वजूद के लिए ,
जिंदगी जैसे कभी न खत्म होने वाला इम्तिहान है।
सहमकर निकलने लगी है अब अपने घर से बेटियां,
हर तरफ इंसान के रूप में घूम रहा कोई शैतान है।
घुल गया है ज़हर नफ़रत का अब तो फ़िज़ाओं में,
अपनी ही जिंदगी से जैसे हर शख्स परेशान है।
दिल भी नहीं धड़कता अब तो किसी के नाम से,
गुज़र रही है यहां बस जिंदगी हर जिस्म बेजान है।
उठने लगा है ऐतबार खुद पर से ही अब तो यहाँ,
जाने क्यों वफ़ा की राह में हर निगाह बेईमान है।
शोर बढ़ता ही जा रहा है हर ओर दिन पर दिन,
एक मुहब्बत है जो बरसों से आज भी बेजबान है।
अरसे बाद लौटी है मुस्कुराहट चेहरे पर फिर से,
लगता है आज फिर होने लगी जिंदगी मेहरबान है।
गुजर जाती है तमाम उम्र अब किसी की यादों में,
जाने कितने दर्द छुपा लेती एक झूठी मुस्कान है।।

जब तुम...

जब तुम सामने आते हो मैं तुम हो जाती हूँ,
भुला देती हूँ खुद को तुम में ही खो जाती हूँ।
जब तुम सामने आते हो सांसे थम जाती है,
तुम्हारे मासूम चेहरे पर निगाहें जम जाती है।
जब तुम सामने आते हो दुनिया भूल जाती हूँ,
कभी रोती हूँ तो कभी बिन बात मुसकुराती हूँ।
जब तुम सामने आते हो तुम्हारी हो जाती हूँ,
खुद को खोकर तुम में फिर खुद को पा जाती हूँ।
जब तुम सामने आते हो दिल सजदे करता है,
भूलकर हर गम फिर से जीने का मन करता है।
जब तुम सामने आते हो लब खामोश हो जाते हैं,
धड़कने अनसुने जज्बातों की जुबां बन जाती है।
जब तुम सामने आते हो कायनात बन जाते हो,
जिंदगी के हसीन रंग एक पल में दिखा जाते हो।
जब तुम सामने आते हो एक अहसास जगाते हो,
धीरे-धीरे न जाने कैसे मेरी रूह में उतर जाते हो।
जब तुम सामने आते हो हर मंजर हसीन लगता है,
बस जीवन का वो पल सबसे बेहतरीन लगता है।
जब तुम सामने आते हो समय थम सा जाता है,
कुछ भी ख़बर नहीं रहती बस वक्त गुजर जाता है।।

पुराना साल

लम्हा-लम्हा बीत रहा है साल पुराना,
जनवरी में हौसलों की उड़ान थी।
फरवरी में दबी सी एक आहट थी,
मार्च सबके दिलों में घबराहट थी।
अप्रैल घरों से निकलने की छटपटाहट थी,
मई अपने घर लौटने की कवायद थी।
जून में जिंदगी के रवायतें बदल गयी थी,
जुलाई में स्वस्थ रहने की हिदायतें दी थी।
अगस्त हमारी प्राथमिकताएं बदल गयी थी,
सितंबर जिंदगी संघर्ष बन गयी थी।
अक्तूबर जिंदगी डर के साथ जीना सीख रही थी,
नवंबर अपनों के खोने के गम से आंखें नम थी।
दिसम्बर बदले माहौल में जिंदगी ढलने लगी थी,
आने वाले साल में एक नई उम्मीद जगने लगी थी।
पुराना साल कुछ नए अनुभव देकर गया,
कुछ नए घाव कुछ नए डर देकर गया।
कुछ नए रिवाज कुछ नए अहसास देकर गया,
एक नई सोच एक नया विचार देकर गया।
एक नया माहौल एक नया व्यवहार देकर गया,
खौफ से भरा साल कई नये सवाल देकर गया।।

अभिलाषा चौहान

परिचय : मेरी जन्मस्थली ग्वालियर(म .प्र) है और अभी जयपुर (राजस्थान) में निवास करती हूँ। स्वभाव से साहित्य प्रेमी हूँ। हिंदी भाषा व साहित्य की सेवा करना मेरे जीवन का उद्देश्य है।

शिक्षा : एम .ए, एम .फिल(हिंदी साहित्य)

सम्प्रति : हिंदी शिक्षण, प्रतियोगी पुस्तकों का लेखन।

लेखन : पद्य और गद्य में समान रूप से, छंदमुक्त व छंदबद्ध काव्य विधाओं के साथ हाइकु, सेदोका, ताँका आदि विधाओं में लेखन। कहानी, लघुकथा, आलेख आदि गद्य विधाओं में लेखन।

प्रकाशित पुस्तकें : 'ये कुण्डलियाँ बोलती हैं (साझा संग्रह), श्रमिक की व्यथा (साझा संग्रह), माँ (साझा संग्रह), काव्य प्रभा (साझा संग्रह)

प्रकाशनाधीन : गीत गूँजते हैं, हाइकु शतक संग्रह, नवगीत संग्रह।

सम्मान : कुण्डलियाँ शतक वीर सम्मान, दोहा विशारद सम्मान (अर्णव कलश ऐसोसियेशन, कलम की सुगंध से), टॉप टेन ब्लॉगर सम्मान, जन कवि सम्मान, काव्य प्रभा–2020 (आई ब्लॉगर व द साहित्य से) इसके अलावा कई साहित्यिक समूहों में प्रतिभागिता से कई सम्मान पत्र मिले हैं।

अन्य : वर्तमान अंकुर, विजय दर्पण, अमर–उजाला जैसे पत्र–पत्रिकाओं में रचनाएँ प्रकाशित। स्टोरीमिरर, हिंदी प्रतिलिपि पर रचनाएं प्रकाशित एवं पुरस्कृत।

पता : जयपुर राजस्थान।

ब्लॉग : https:// experienceofIndianlife.blogspot.com

आह! वेदना मुझमें सोती

आह! वेदना मुझमें सोती,
जग की पीड़ा देख के रोती।
चुभती है अपनों की घातें,
ये दुःख की जो काली रातें।
विरह-व्यथा की कटु कहानी,
कैसै कहूं मैं अनजानी।
बनके कविता हुई प्रस्फुटित,
हृदय भाव जिसमें उर्जस्वित।
आह! वेदना करती व्याकुल,
हृदय मची रहती है हलचल।
याद आती है बीती बातें,
जग की भीड़, अकेली रातें।
घुट-घुट के हर पल को जीना,
अपने आँसू आप ही पीना।
ओढ़ मुखौटा मुस्कानों का,
अपने-आपसे लड़ते रहना।
आह! वेदना कोई न समझे,
जीवन के हर पल हैं उलझे।
मेरा रोना, हँसना जग का,
राह कोई फिर कैसे सूझे।

अंतस्थ लौ

दीप की लौ सम झिल मिलाती
अंतस्थ लौ.......
देती प्रेरणा जगाती साहस..
बनाती कर्मण्य ।
ये छोटी सी लौ बनती जिजीविषा,
जगाती जिज्ञासा बलवती होती इच्छा,
लाती क्रांति होते परिवर्तन,
करके सर्वस्व समर्पण ।
वीर–धीर–कर्मवीर बन उत्साही ,
सतत होते अग्रसर ।
यह लौ है जगत का आधार,
सतत जगत चलायमान ।
निरंतर दिप दिपाती,
इस नन्ही सी लौ से!
देती संघर्ष की शक्ति,
जीवन को गति व्यक्ति को मति,
बनती स्वाभिमान–आन –बान–शान,
जागता स्वावलंबन
इस लौ का झिल मिलाना !
जीवन का प्रतीक,
जब तक जलती रहेगी,
जिंदगी हंसती रहेगी
भाव जगते रहेंगे,
सद्गुण जाग्रत रहेंगे ।
देश भक्ति का भाव होगा,
इंसानियत का सम्मान होगा ।

दरक जाते हैं अक्सर

पहाड़ हुए अशांत
कभी गोली से कभी हमलों से
कभी पर्यटकों के बढ़ते हुए काफिले से...
कभी आतंकी गतिविधियों से
घटने लगी है सुंदरता
हरियाली रहित नंगे पहाड़
दरक जाते हैं अक्सर...
सहन नहीं कर पाते शोर
अपने ऊपर अत्याचार
आखिर पहाड़ भी दिल रखते हैं !
चुक जाती है सहन शक्ति
टूट जाता है सब्र का बाँध
कमजोर थके पहाड़
दरक जाते हैं अक्सर...
तोड़ा जाता है इनको निर्ममता से
बनाने के लिए सड़क और सुंरग
प्रदूषण और कचरे से बीमार होते पहाड़
दरक जाते हैं अक्सर..
ये भूस्खलन दर्द है उनका
जो अचानक बह उठता है
तुम कितने निष्ठुर हो ?
अपना दुःख देख कर भी
पहाड़ों का दर्द नहीं समझ पाते !
ये शांत, सुंदर बर्फीले पहाड़
बैचेन हैं अस्तित्व को लेकर
इसीलिए दरक जाते हैं अक्सर।

दम तोड़ती मेंहदी

कितने सपने और अरमानों से
हाथों में रचा के मेंहदी,
बेटी बनती है दुल्हन,
छोड़ बाबुल का घर,
तब पाती है साजन।
जलती है दहेज की आग
जल जाती है मेंहदी।
कभी पिटती कभी सिसकती,
कभी अरमानों की राख में,
दम तोड़ती है मेंहदी।
सीमा पर चलती गोली
खेली जाती खून की होली,
और अनगिनत दुल्हनों की,
उजड़ जाती है मेंहदी।
छलकते जामों में
रोज मयखानों में,
अपने आप को,
लुटते देखती है मेंहदी।
टूटते रिश्तों में
स्वार्थ की भट्टी में,
अंधविश्वास और रूढ़ियों में,
मर ही जाती है मेंहदी।
अनियंत्रित वाहनों से
होती हैं दुर्घटनाएं,
बिखरते हुए लहू में,
कुचल जाती है मेंहदी।।

कह मुकरियाँ

(1)

पल-पल जो साथी बन रहता

चलता साथ नहीं कुछ कहता

उसने ऐसा मन भरमाया

हे सखि साजन ? ना सखि साया।।

(2)

करूँ प्रतीक्षा निश दिन उसकी,

दिखता जब खुशियाँ हैं मिलती।

मिले मुझे तो करता चेतन,

का सखि साजन ?ना सखि वेतन।

(3)

जिसे देखकर हँसती हूँ मैं,

जिसके कारण सजती हूँ मैं।

जिसको सब कर देती अर्पण।

का सखि साजन ?ना सखि दर्पण।

(4)

पीत वसन पहने मुस्काए,

रूप सलोना मन को भाए।

शोभा उसकी सदा अनंत।

का सखि साजन ?ना सखि वसंत।

(5)

मुझे देखकर जो खुश होता

साथ सदा वह जगता- सोता।

प्रीत हमारी चढ़े परवान।

का सखि साजन ?ना सखि श्वान।

कह दूँ जो हो बात सही (नवगीत)

उमड़ पड़ा भावों का सागर,

प्राणों में रस धार बही

करूँ कल्पना कविता रच दूँ

कह दूँ जो हो बात सही।।

पग में बंधन बेड़ी बन कर

रोक रहें हैं पथ मेरा

नील गगन तब मुझे बुलाए

तोड़ चलो अब ये घेरा।

पूरी करो कल्पना अपनी

मन की मन में रखो नहीं

करूँ......................।।

उड़ता फिरता मन का पंछी

चुनता शब्दों का दाना

बुद्धि नीड़ में करे बसेरा

बुनती है ताना-बाना।

लिख-लिख पाती फाड़ी कितनी

मंथन से निकले न मही

करूँ....................।।

शब्द-शब्द मोती से चमके

अर्थ प्राण जब साथ रहे

छंदों के बंधन में बंधकर

कविता कैसे बात कहे।

सोच रही बैठी मैं कबसे

सच्चा होगा स्वप्न यही

करूँ ....।।

शलभ शूलों पर चला है (नवगीत)

लगी लौ से लगन ऐसी
प्रीत में जलना मिला
शलभ शूलों पर चला है
दोष किसका है भला।
जल रहा है प्राण मेरा
विरह का वरदान ये
जल रहा है गात मेरा
प्रेम का प्रतिदान ये।
यह मिलन तो है अधूरा
चाह का है ये सिला
शलभ.............।।
है अमरता कर्म में ही
धर्म कहता है सदा
जग प्रकाशित जो करे
उर सदा उस का जला।
राह की ये विषमताएँ
आस भेदे झिलमिला
शलभ ....।।
ये समर्पण पूर्ण तब हो
स्वार्थ को जब त्याग दे
लक्ष्य का संधान पूरा
छोड़कर क्यों भाग दें।
आँख भीगी तृप्त मन है
तन जला तो है जला
शलभ.............।।

राह खोजती प्रत्याशा (नवगीत)

खिलूँ कुसुम बन महके सौरभ
साँस चले तन में जैसे
चीख-चीख कर कली पुकारे
मत मसलो मुझको ऐसे।।
कैसी जग की रीति अनोखी
ममता को भी बाँट दिया
काँटों ने खिलने से पहले
अधिकारों को छाँट दिया।
पड़ी रही कूड़े-कचरे में
कुचल दिया मुझको कैसे
चीख-चीख..........।।
डाली पर खिलते पुष्पों ने
अंतर कब है पहचाना
बनकर भाग्य विधाता बैठे
भेद भला क्यों कर माना।
जलते अंगारों पर छींटें
डाल बुझाते हो कैसे
चीख-चीख.........।।
धुआँ-धुआँ चहुँओर दिखे पर
राह खोजती प्रत्याशा
कोख उजड़ती ममता रोती
मर जाती मेरी आशा।
एक कली के कितने अरि हैं
गर्भ सुरक्षित कब कैसे
चीख-चीख...............।।

कृष्ण कुमार द्विवेदी

पिता का नाम	:	स्वर्गीय ओवरसियर द्विवेदी
माता का नाम	:	स्वर्गीय मुन्नी देवी
जन्मतिथि	:	25/10/1977
जन्म स्थान	:	चितरंजन पश्चिम बंगाल
पता	:	शांतिनगर, पोस्ट मिहीजाम, थाना मिहिजाम, जिला जामताड़ा राज्य झारखंड पिन कोड : 815354
ईमेल	:	kdwivedi86@yahoo.in
मोबाइल	:	8873146870, 6200516924
शिक्षा	:	अंग्रेजी में स्नातकोत्तर, वर्तमान में अंग्रेजी विषय में पीएचडी जारी है। बचपन से ही हिंदी विषय से लगाव रहा है।
कार्य	:	नेशनल एजुकेशनल वेलफेयर सोसाइटी के अध्यक्ष पिछले 2010 से।
प्रकाशित कृतियाँ	:	काव्य प्रभा (साझा काव्य संग्रह) – 2020
सम्प्रति	:	ब्रिलिएंट अकेडमी के निदेशक के तौर पर कार्य कर रहा हूँ। जेजेएस डिग्री कॉलेज मिहिजाम में अंग्रेजी के अतिथि व्याख्याता (Guest Faculty) के रूप में भी कार्यरत हूँ।
सदस्य	:	चितरंजन हिंदी साहित्य सेवा मंच के सक्रिय सदस्य। राष्ट्रीय कवि संगम, झारखंड के जामतारा जिला इकाई का सक्रिय सदस्य।

तू मुझसे मैं तुझसे हूं

तेरी चाहते मेरी चाहतों जैसे हैं
तू रोना नहीं
तेरे अश्क भी मेरे जैसे हैं ।
खामोशी तू बेखुदी मैं हूं
नशा तेरी मोहब्बत का
शराब जैसे हैं
तेरी बातें तेरी यादें
तन्हाइयों में तोहफे जैसे हैं
मेरी जिंदगी रूबरू होती है
अक्सर अजनबी के जैसे
तेरी याद आए
जैसे सावन की घटा छाए
हवाओं में तेरी यादें
घुली– घुली सी है
यह बारिश तेरी यादों की बारात जैसे हैं
बुझे हुए अरमानों को फिर से जगा रही है
अरमानों का क्या कहना
यादों के संग क्या रहना
वो तेरे हों या मेरे हों
सब अजनबी के जैसे हैं

आज फिर तेरी याद आ गई

आज फिर तेरी याद आ गई

पुराने दिनों के

अनुपम एहसास दिला गई

आज फिर तेरी याद आ गई

वो नीला आसमान

मेरे अधूरे अरमान याद दिला गई

आज फिर तेरी याद आ गई

तेरी ओ अद्भुत सोलह सिंगार

मेरे पतझड़ में बाहर ला गई

आज फिर तेरी याद आ गई।

तेरे होठों की हंसी आंखों की नमी

मेरे दिल की धड़कनों को बढ़ा गई

आज फिर तेरी याद आ गई

तेरी आहतें और हल्की हल्की बारिश

तुझ तक पहुंचने की इच्छाएं जगा गई

आज फिर तेरी याद आ गई।

तेरी हंसी की फुहारे मुलाकातों का वो सिलसिला

तेरे लौट आने की उम्मीदों को जगा गई

आज फिर तेरी याद आ गई।

तुम भी एक दीप जला दो

तुम भी एक दीप जला दो ।
अंधियारे गलियारों में ,
ज्योति की निखार जगा दो ।
तुम भी एक दीप जला दो ।
हारे हुए मन में ;
आशाओं की दीप प्रज्वलित कर,
तुम भी एक दीप जला दो ।
तेरे लिए लड़ रहे हैं जो ,
उनके हिम्मत की लौ को बढ़ा दो ।
अपनी भी उमंगो को ,
आकाश की ऊंचाइयों तक पहुंचा दो ।
तुम भी एक दीप जला दो ।
अंधेरों का खौफ न कर तू,
बस एक दीप जला दे तू,
दीप तेरा चिराग बन,
जग को रौशन कर जाऐगा ।
प्रेरणा बन तुम,
सबको राह दिखा दो ।
तुम भी एक दीप जला दो ।
मुश्किलों से घबराया ना करो ।
जैसे आया है ,
वैसे ही वो टल जाऐगा ।
विश्वास की बाती को ,
बस तुम जरा-सा उठा दो ।
तुम भी एक दीप जला दो ।

जिंदगी के सफर में

हर बार ठोकर खाता हूं
जब जब आंगन में
खुशियों का चादर बिछाता हूं
तब तब गम बैठा करता है
जिंदगी के हर मोड़ पे मिलते हैं
अपने अजनबी बनके
तन्हा राह पे जाते हुए जिंदगी को
असहाय नेत्रों से ताकता हूं
जब भी चलने का यत्न करता हूं
जमाना ठोकरों का गुलदस्ता थमाता है
जीवन के सफर में
जो भी मुसाफिर मिलते हैं
चेहरे पे मुस्कान
दिल में फरेब लिए घूमते हैं।
जिन रास्तों से अक्सर गुजरता था
वो रास्ते अब अनजान हो गए है
उजालों का साथ छोड़
जिंदगी अंधेरों में कैद हो गए हैं।

ऐ मेरी जिंदगी

ऐ मेरी जिंदगी तूने ना की मुझसे वफा

हर पल, हर बार देती रही मुझको सजा

जिनको अपना समझा

उसी ने दिया है मुझको ठेस

जिंदगी तू भी मिलती रही

बदल बदल के वेश

भेड़िए को दिखाया तुमने साधु रंग में

जो मेरा ना था चलना चाहा उसी के संग में

ऐ जिंदगी , दिया तूने कभी धूप तो कभी छाया

हर पल मिला मुझे झूठ का ही मोह – माया

छुपा कर रखा था मैंने कई राज अनजाने में

ऐ जिंदगी तेरे कई दर्द जलते रहे मेरे सीने में

अनुराधा चौहान

जन्मस्थली	:	ग्वालियर(म .प्र)
वर्तमान निवास	:	(मुंबई, महाराष्ट्र) बचपन से साहित्य में रुचि रही है। साहित्य सेवा ही जीवन का उद्देश्य है।
शिक्षा	:	स्नातक
संप्रति	:	गृहणी और लेखिका।
लेखन	:	गद्य और पद्य दोनों ही विधाओं में लेखन जारी है। छंद, छंदमुक्त कविता, कहानी, लघु कथाएं, धारावाहिक, हाइकु और हाइबन विधाओं में लेखन।
प्रकाशित पुस्तकें	:	ये कुण्डलियाँ बोलती हैं, काव्य-मंजरी, फिदा ए वतन गीत शहादत के, विज्ञात नवगीत संग्रह, कहानियाँ साझा संग्रह औरअनुभूति साझासंग्रह, गुंजन हाइकु साझा संग्रह, गीत गूँजते हैं, विज्ञात के साक्षात्कार साझा संग्रह।
सम्मान	:	कुण्डलियाँ शतक वीर, सोरठा शतक वीर, प्रतिलिपि प्रतियोगिता में कई सम्मान पत्र, इसकेअलावा कई साहित्यिक समूह से सम्मान पत्र मिल चुके हैं।
अन्य	:	विभिन्न पत्र-पत्रिकाओं की रचनाएं प्रकाशित होती रहती हैं।
ब्लॉग	:	https://poetrybyanuradha.blogspot.com https://narendraraghuvir.blogspot.com

कैसा कलयुग आया है

सोच रही है आज धरा भी
कैसा कलयुग आया है।
कल-तक शोर मचाता मानव
कैसे अब घबराया है।
गली-गली सुनसान पड़ी हैं
किलकारी भी ताले में।
काम-काज सब बंद हो गए
दफ्तर घिरते जाले में।
करनी का फल भुगत रहे सब
जो दिया वही पाया है।
भाईचारा भूल गए सब
अपना सुख भरपूर जिए
मात-पिता को किया अकेला
धन के मद में चूर हुए।
आँखों में लालच का परदा
दिखती केवल माया है
भूल गए थे माँ का खाना
स्वाद दिखे बस ढाबे में।
भाग-दौड़ में भूले जीवन
प्यार कहाँ झूठे दावे में
दिखे नहीं अब ठौर कहीं भी
पड़ी काल की छाया है।
कल-तक शोर मचाता मानव
कैसे अब घबराया है।

कैसे मन से मन जोड़े

काल चक्र को वश में करने
मानव जब सरपट दौड़े ।
कई तजुर्बे पीछे छूटे
कितनों के फिर दिल तोड़े ।
कभी अँधेरे कभी उजाले
अनजानी आशा पलती ।
कभी उबड़-खाबड़ पगडंडी
पद चिह्न छोड़ती चलती ।
भाग रहे अनजाने पथ पर
खुशियों को पीछे छोड़े ।
कालचक्र.....
फूलों को पैरों से कुचले
कंटक जीवन में बोते ।
मढ़ें दोष दूजे के माथे
सुंदर पल सारे खोते ।
करते नहीं कभी ये कोशिश
कैसे मन से मन जोड़ें ।
कालचक्र.....
सच्चाई से भाग रहे हैं
धर्म छुपा के ताले में
अधर्म पथ पर जो भी चलता
गिरता जाकर नाले में ।
झूठ भरे पथ ही मिलते हैं
पग पग पे मुश्किल रोड़े ।
कालचक्र.....

कुछ अनकही

कुछ मुलाकातों का सिलसिला चला
कुछ बातों का सिलसिला चला
कुछ कदम हम साथ चले
संग मीठे एहसास चले।
फिर भी लगता था कुछ सूना
खालीपन बढ़ता था दूना
रह गए मन के जज़्बात दबे
न तुम बोले न हम कुछ कहे।
कुछ कदमों का साथ रहा
छूटा हाथों से हाथ कहाँ
कुछ तुम कहते मैं सुन लेती
संग जीवन के सपने बुनती।
अब तक मैं यह जान न पाई
क्यों ओढ़ ली तूने तन्हाई
कोई कसक दबी थी सीने में
या दर्द बहुत था जीने में।
कुछ तो अपना माना होता
दिल का हाल बताया होता
शायद कुछ ग़म मैं ले लेती
तुमको अपनी खुशियाँ देती
दे गए दर्द तुम अनजाने में
या भूल मेरी थी पहचानने में
रह गई बातें इस दिल में दबी
कुछ अधूरी सी अनकही सी

सिलवटें

सिलवटें ही सिलवटें हैं
ज़िंदगी की चादर पर।
कितना भी झाड़ों, फटको
बिछाकर सीधा करो
कहीं न कहीं से कोई
समस्या आ बैठती।
निचोड़ती, सिकोड़ती
ज़िंदगी को झंझोरती है
फिर सलवटों से भरकर
अस्त-व्यस्त ज़िंदगी फिर
ग़म को परे झटकती।
आँसुओं में भीगती
फिर आस में सूखती
फीके पड़ते रंगों को
आशाओं से रंगती।
जिम्मेदारी के बोझ तले
दबती और सिकुड़ती
घिस-घिस के महीन हो
मुश्किलों से लड़कर
अंततः झर से झरजाती।
फिर सीधी-सपाट होकर पड़ी
बिना किसी हल चल
बिना कोई झंझट के
सारी परेशानियों से मुक्ति पा जाती।

रहस्यमयी गलीचे

सुनहरे अश्वों पर सवार हो
सिंदूरी गलीचे पर चल कर
रवि रश्मियों के साथ चला
जीवन में उजाला भरने।
भोर की शीतलता से महका
चहक उठा जीवन भी
निकल पड़े सब घर से
जीवन की जरूरत पूरी करने।
बिछाए सुनहरा गलीचा
जीवन को धूप से सींचता
साँझ को समेट कर उजाला
क्षितिज के छोर पर जा छुपा।
रात आयी ख्वाबों को सजा कर
बिछने लगी अँधेरे की चादर
चाँद मुस्कुराया आसमान में
तारों का बिछ सुंदर गलीचा।
मुस्कुराती रजत-सी चाँदनी
अँधेरे से लड़ती रात भर
सुबह सवेरे थक कर चूर
लिपट जाती चाँद के आगोश में।
इस दिन-रात के फेर में
ज़िंदगी चलती अपनी धुन में
इन गलीचों के रहस्य खोजती
समय चक्र भी चलता रहता।
रहस्यमयी गलीचों से होकर
ज़िंदगी को नए रहस्य देकर।

नारी का अस्तित्व

बेटी बनकर पैदा होती

ममता दुलार भी पाती

पर जीती है बंधन में बंधी

क्योंकि अस्तित्व नारी का है।

यह कोई भुला ना पाए

आसमां छूने की आस लिए

अपने वज़ूद को ढूंढती

अंदर ही अंदर घुटती रहती।

पत्नी बन पति की ज़रूरतें

घर की जिम्मेदारियों को ओढ़ती

क्योंकि अस्तित्व नारी का है

यह कोई भुला ना पाए।

माँ बन कर ममता लुटाती

खुद को भूल बच्चों को सँभालती

जागती रात को उन्हें सुलाती

उम्र ढलती शक्तिहीन होती

फिर भी रिश्तों को संवारती

क्योंकिअस्तित्व नारी का है।

यह कोई भुला ना पाए

गुज़र जाती है ज़िंदगी

दूसरों को खुशियाँ देने में फिर भी

परायेपन का एहसास लिए।

अपने वज़ूद को तलाशती रहती

क्योंकि अस्तित्व नारी का है

यह कोई भुलाना पाए।

सुनो धरा कुछ बोलती

सुनो धरा कुछ बोलती
मनुज के कान खोलती
सँभल-सँभल चलो जरा
विनाश पथ ये डोलती।
पहाड़ तुम जो काटते
नदी के तट को पाटते
महल जो तुम बना रहे
अपनी चिता सजा रहे।
यह इमारतें बड़ी बड़ी
शुद्ध हवा को रोकती
ये गाड़ियाँ बड़ी-बड़ी
जहर साँसों में घोलती।
वृक्षों को हम जो काट रहे
संतुलन ही बिगाड़ रहे
जल धरा का सूख रहा
फिर भी कहाँ मान रहे!
निकल नालों से गंदगी
नदियों में जा मिल रही
आज वो दलदल बनी
विनाश गाथा कह रही।
संभल चलो मनुज जरा
प्रकृति का है दुःख बढ़ा
क्रोध का यह विकट रूप
देख सकल विश्व डर उठा
प्रकृति को सहेज मनुज
विनाश पथ पर डोलती।

आज मुंडेर पर

आज मुंडेर पर आ बैठीं
किरणें कुछ अलसाई सी
नयन नींद में कुछ डूबे से
पलकें भी झपकाई सी।
देख मचलता दृश्य मनोरम
मन में फिर नन्हा बालक
जीवन को रोशन कर देता
बना सृष्टि का संचालक।
देख धरा का आँगन खिलता
कलियाँ भी मुस्काई सी।
आज मुंडेर....
धरा भ्रमण सूरज नित करता
आलस किंचित मात्र नहीं।
मन वही है राह भटकता
छोड़ धर्म की राह कहीं।
लिए द्वेष फिर हरदम रहती
धड़कन भी घबराई सी।
आजमुंडेर...
स्वप्न महल से बाहर झाँकों
जीवन के सोपान चढ़ो।
समय बीतते देर न लगती
वैमनस्य को छोड़ बढ़ो।
आस किला फिर टूट बिखरता
काया फिर पथराई सी।आजमुंडेर....

सूनीकोख

सूनी कोख लिए चुप सिसके

बैठी कोने बनी वियोगी।

आँचल माँ का सूना करके

मानव बने मानसिक रोगी।

स्वप्न अनेकों नयन बसाए

हाथों से वो वस्त्र सिली थी।

ममता से सहलाती हरपल

मन को कितनी खुशी मिली थी।

अभी कोख में करवट ली थी

टुकड़े होकर रोई होगी ।सूनी कोख.....

एक फूल की आशा लेकर

जीवन में बस काँटे बोते।

आँगन की कलियों को फेंके

खुशियों को जीवन से खोते।

कुरीतियों की भेंट चढ़ी वो

कैसे माँ कष्टों को भोगी। सूनी कोख.....

बिना कली कोई फूल बना

इतनी मानव को समझ नहीं।

यही सृष्टि की बनी रचियता

जीवन का है कटु सत्य यही।

नारी बिन संसार अधूरा

बने फिरेंगे फिर सब जोगी ।सूनी कोख.....

बृजमोहन त्यागी

जन्म दिनांक	:	28 जुलाई 1985
जन्म स्थान	:	मूसलपुर, धौलपुर (राजस्थान)
पिता	:	श्री महेंद्र सिंह त्यागी जी
माता	:	श्रीमती लक्ष्मी देवी त्यागी जी
शिक्षा	:	स्नातकोत्तर (हिंदी साहित्य) एवं बी .एड
कार्य	:	निजी शिक्षण संस्थान में प्राचार्य के पद पर
साझा कृतियां	:	पंचरतन (साझा संग्रह), जन्मदात्री मां (साझा संग्रह), अनुभूति (साझा संग्रह), इंद्रधनुष (साझा संग्रह), कहानियां (साझा संग्रह), जिद जीत की (साझा संग्रह)
एकल कृतियां	:	ब्रजकवितावली, इनके अलावा लगभग 3 पुस्तकों में आंशिक रूप से प्रकाशन कार्य जारी है
लेखन विधा	:	कविता, लघु कथा, कहानियां, लेख, निबंध इत्यादि
संपर्क पता	:	गांव – मूसलपुर, तहसील– सैपऊ, जिला– धौलपुर (राजस्थान)
वर्तमान पता	:	चंद्रावतीगंज, सांवेर, इंदौर (मध्य प्रदेश)
ईमेल	:	brijmohantyagi76@gmail.com
दूरभाष नंबर	:	7024056250, 7014228630

नारी

नारी जीवन है एक नदी सी रहती सदा उदासी

मुख मलीन क्यों रहता इसका ज्यों हो कोई वनवासी

पहले बेटी बनकर करती सारे जग को रोशन

फिर मां बन कर करती है जग का जो पोषण....

बहना बनकर जो भाई को देती है संरक्षण

एक ही मूर्ति में होते हैं नौ देवी के लक्षण....

कोई इसके चेहरे पर मरता कोई मरता बदन पर

लेकिन बच्चों के हित सहती सब दुख अपने तन पर....

नारी के हैं रूप अनेक इसको कोई समझ न पाया

नारी के ही खातिर मानव इस जगती में आया

नारी की चाहत में ही सम्पूर्ण ये जीवन गंवाया

नारी शक्ति स्वरूपा है और नारी है महामाया.....

एक रूप दुर्गा का नारी लड़ती सारे जग से

एक रूप अन्नपूर्णा बन कर पोषण सबका कर दे

निज सीने के दूध पिला कर जग दिखलाया जिसने

उसी सीने को ताक झांक कर मन झुठलाया किसने?

क्या नारी शक्ति का अपमान हम सह जाएंगे

एक दिन नारी के अश्रुओं में हम सब यूंही बह जाएंगे....

नारी नहीं प्रतीक सौंदर्य की नारी नहीं अबला है

जग को आगे बढ़ाने वाली नारी अब सबला है

नारी सदा सौंदर्य की प्यासी रहती बात अटल है

लेकिन सौंदर्य ही इस धरती को करता ब्रज अचल है.....

हिमगिरि सी चमक – गंगा सी खनक नारी का सपना है

चमक रहे मुख मंडल पर फिर करले जग अपना है

बृज कहता है नारी सौंदर्य की रही सदा प्यासी है

इसीलिए इसके कान्तित मुख पर भी सदा रहती उदासी है....

कोरोना का मायाजाल

[1]

कोरोना ने फैलाया कुछ ऐसा जंजाल,

चीन भी समझ न पाया इसका माया जाल

इसका मायाजाल कोई भी समझ न पाया

लगी मौत ही मुंह पास जिसके ये आया

कह बृजमोहन समझा ये नियम से सब रहना

वर्ना करेगा हाल बुरा ये मायावी कोरोना।।

[2]

सेनेटाइजर, मास्क और साबुन सब हुए हितैसी

सब इनका करो प्रयोग फिर कोरोना की ऐसी तैसी

कोरोना की ऐसी तैसी करदी मेरे देश ने

जहां मच रही हाहाकार वहीं सब शांत देश मेरे में

कह बृजमोहन समझाय मरे सब चीनी, नाइजर

साथ हमेशा रखो मास्क और सेनेटाइजर

[3]

ताली, थाली बजी जल गए दीप हर घर में

दूरी पूरी रखी जगा विश्वास सेनेटाइजर में

सेनेटाइजर में विश्वास जगा सब मास्क हैं रखते

जब भी बाहर से लौटे हाथ साबुन से रगड़ते.....

कह बृजमोहन समझाय कोरोना की छाया काली

जब भी मुश्किल बढ़ें बजाओ थाली और ताली.....

[4]

कोई नहीं इलाज कोरोना भयानक सपना

सब से दूरी रखो कोई नहीं प्यारा अपना

कोई नहीं प्यारा अपना न किसी को घर बुलवाओ

चाहे कितना भी हो प्रिय न घर तुम उसके जाओ

कह बृजमोहन समझाय रहो मत अब भी सोई

कोरोना है लाइलाज इसका नहीं इलाज है कोई......

[5]

तीनों रहे सतर्क पुलिस, डॉक्टर और सफाई कर्मी

कोरोना रहे फैलाय देश में कुछ विधर्मी

कुछ विधर्मी लोग नहीं रुकते जोरो के

चौराहों पर खड़े पुलिस वाले सबको टोके

कह बृजमोहनसमझायकामकुछभीनहींकीनों

सरकार, पुलिस, डॉक्टररहुएपरेशानयेतीनों

[6]

वैक्सीन नहीं जबतक, तब तक नियम न टालें

सरकारी कामकाज में नियम न बाधाडालें

चुनाव हो रहे भरपूर हो रहीं रैलियां भारी

जनता हो रही त्रस्त मजे में हैं अधिकारी

बृजमोहन समझाय जनता क्यों सोई अबतक

कोई काम न हों, लगें नहीं वैक्सीन जब तक....

[7]

डरे हुए मजदूर बिचारे आ गए सड़कों पर भारी
काम न कोई रहा शहर छोड़ने की है लाचारी....
छोड़ने की है लाचारी लौट सब आये गांव में
ऐसा हुआ एहसास जैसे धूप से आये छांव में
बृजमोहन कह रहा लोग कुछ रस्ते में मरे हुए
भूख, प्यास को त्याग गर्मी में चले सब ही डरे हुए...

[8]

राजनेता सब रोटी सेंकते राजनीति करते
ऐसी महामारी में भी वो अपनी जेबें भरते
अपनी जेब भरते करें ना मानव की सेवा
जनता को खूब लूट खा गए नेता ही मेवा
कोरोना काल सभी को आगोश में भर लेता
यदि सेवा करते अच्छा होता दो चार राजनेता....

[9]

आत्म निर्भर बनो रहो मत किसी पर निर्भर
जो लोग चले हैं गए आंसू बहा झर निर्झर
निर्झर आँसू बहा अब कोई ना जाने पाए
देश मे ही पैदा सब कुछ करो न बाहर पैसा जाए.....
कह बृजमोहन समझाय मंत्र मोदी का न बर्बर
लोकल को वोकल बना बनो अब आत्मनिर्भर ......

अकेलापन थकाता है

जीवन में इंसान को पता नहीं क्या –क्या थकाता है ?

आज आपको बतलाऊँ अकेलापन थकाता है....

रहे अकेला आदमी कुछ काम न करना चाहे

खाना भी न बनाता है भूखा ही रह जाये....

झाड़ू पोंछा कौन करे, कपड़े धोए कौन

सारा दिन पलंग पर ही पड़ा रहता देखो मौन....

जब कभी मन करता रहे कर लूं उठकर काम

फिर मन में आता अभी कर लूं थोड़ा और विश्राम....

लेकिन एकांत में ही सोच सोच कर वह जीवन महकता है

थकता नहीं वह काम से अकेलापन उसे थकाता है...

लिखता है कुछ विचार तो बन जाते हैं छंद

रहता दिन भर है पड़ा हो कमरे में बंद....

मोबाइल, टीवी से वह अपना मन बहलाता है

आज बताऊं मैं तुम्हे इंसान को अकेलापन थकाता है....

जिस दिन रहता काम पर दिन भर नहीं थकता है

खाना पीना करे समय पर, छुट्टी में सब कुछ धकता है....

अपने मन को मार कर वह फिर मन को बहकाता है

बृजमोहन को दोस्तो अकेलापन बहुत थकाता है।।

जवान सेना का

जब सीमा पर हो खड़ा दुश्मन से लोहा लेता है
सैनिक अपनी मातृभूमि को सर्वस्व अपना देता है।
वह दुश्मन की ललकार के आगे अपना सीना तानता है
दुश्मन भी वीर जवानों की हिम्मत का लोहा मानता है।
जो शून्यता जैसी निर्जन बर्फीली घाटियों को भी तोड़ता है
वह सैनिक है जो अपने पौरुष से अरि का मुंह मोड़ता है।
जो होकर सवार निज धुन पर जन गण मन गाता जाता है
सैनिक अपने सारे त्यौहार सीमा पर बैठ मनाता है।
रक्षाबंधन, भाईदूज, दीवाली में दीप जले
बहना जब भाई की कलाई पर राखी, मस्तक पर अबीर मले।
जब रंग बिरंगी बन होली सबके तन पर छा जाती है
पता नहीं चलता उसको कब मां की याद आ जाती है।
भाई, पिता, पत्नी बच्चे सब उसको प्यारे लगते हैं
मातृभूमि की सेवा की खातिर वे सभी पराए लगते हैं।
बस एक बात हमेशा दिल मे रहती है कैसे कर्ज चुकाऊं बहना का
इतना सब कुछ सहकर भी कुछ नहीं कहता है जवान वह सेना का।
सब दर्द सीने में दफन किये वह सीमा पर जाया करता है
विजय पताका भारत मां की वह निज बल से फहराया करता है।
एक जवान का निश्चय ही सेना का शौर्य दर्शाता है
सेना नायक बनकर अपना वह कर्तव्य निभाता है।
सैनिक का जीवन है सन्यासी का जिसका कोई न सानी है
सैनिक अपनी मातृभूमि की खुद ही एक निशानी है।

श्रृंगार (छंद)

[1]

माथे पर दिखे हैं आज, यह तो श्रम के बिंदु हैं ।

मुखडे जो दिखे थे तब, बृज वो आज इंदु हैं ।।

वक्ष दिखता है हिमगिरि सा, हि ये चुभती कटारी सी ।

बसन लज्जा का देखो बृज बना क्यों आज सिंधु है ।।

[2]

करण बालाओं ने भी दिव्य मुख छवि को संवारा है ।

अंशुमन दीप्ति ना दे तो चहुंओर घना अंधियारा है ।।

पीठ पीछे है लहराती, नागिन सी केश चोटी है ।

मगर ना 'बृज' नजर डाले तो व्यर्थ श्रंगार तुम्हारा है ।।

[3]

सिर से लेकर पैर तक ढली हो मूर्ति जैसी हो ।

जब से मिलकर गई हो तुम मालूम नहीं कैसी हो ।।

दृग हैं मृग सदृश्य तेरे, काया संपूर्ण निराली है ।

बृज मन में बसे मोहन, तेरी सूरत बसी वैसी है ।।

लक्ष्मण सिंह त्यागी 'रीतेश'

जन्म तिथि	:	25 अगस्त 1986
जन्म स्थान	:	बदरिका धौलपुर राजस्थान
पिता	:	श्री रमेश चंद त्यागी [श्री दीनानाथ जी]
माता	:	श्रीमती इन्द्रा त्यागी
शिक्षा	:	एम ए [हिंदी], एम . एड .
प्रकाशित कृतियाँ	:	सिसकती रातें [लघुकथा संग्रह] , जिंदगी के मायने [काव्य संग्रह], आल्हाद [साझा काव्य संग्रह] , दो अक्टूबर [साझा गद्य संग्रह], जन्मदात्री माँ [साझा विविधा संग्रह], स्वदेश प्रेम [साझा काव्य संग्रह] , अनुभूति [साझा काव्य संग्रह]
संपादन	:	पंचरतन [साझा विविधा संग्रह] , कहानियाँ [साझा कहानी संग्रह], इंद्रधनुष [साझा गद्य संग्रह]
लेखन विधा	:	कविता, लघुकथा, कहानी, आलेख, निबंध आदि
रचना क्रम	:	विभिन्न राष्ट्रीय पत्रिकाओं में लगभग पचास रचनाएँ प्रकाशित
गतिविधियां	:	लेखन एवं काव्य गोष्ठियों में काव्य पाठ
संप्रति	:	अध्यापन (शास . आर . पी . उत्कृष्ट उ . मा . वि . पन्ना) एवं स्वतंत्र लेखन
संपर्क	:	बेनीसागर कालोनी पन्ना म प्र
ईमेल	:	lstyagi53@gmail.com
दूरभाष	:	7746842196, 9340757062

तुझमें समाया हूँ

मैंने झूठ कहा था तुमसे उस दिन,
तुमको भुला नहीं पाया हूँ ।
बिन तेरे है मेरा वजूद नहीं,
मैं तो बस तुझमें समाया हूँ ।।

जो साथ गुजारे थे पल मैंने,
याद बहुत अब आते हैं ।
पल पल हर पल वो सुहाने पल,
वो हर पल मुझे सताते हैं ।
तेरे प्रेम की बारिश में मुझको,
लगता है अभी नहाया हूँ ।
मैं तो बस तुझमें समाया हूँ ।।

परछाईं में तेरी बस मैं ,
जीवन को जीना चाहा था ।
इच्छाऐं मेरी कुछ बड़ी ना थीं,
बस प्यार ही तेरा चाहा था ।
तू मेरी कहानी बन जाये,
लोगों का मैं किस्सा सुनाया हूँ ।
मैं तो बस तुझमें समाया हूँ ।।

न्याय मिला है

हिंदुस्तान की वेदी पर जब,
धर्म बलि चढ़ाया जायेगा ।
चक्र सुदर्शन धारण करके,
हर बार कन्हैया आयेगा ।
बलात्कार करने वाले कभी,
माफी के काबिल नहीं होते ।
दैत्य दरिंदे राक्षस हैं ये सब,
काफ़ी कोई दंड नहीं होते ।
लचर ना होती न्याय व्यवस्था,
तो जो हुआ है वो नहीं होता ।
खुशी है फिर भी न्याय मिला है,
होता है वही जो सही होता ।
न्याय मिला है उस हर बाला को,
जिसको कदम कदम पर नोंचा है ।
संविधान के अनुसार ना सही परंतु,
दरिंदों को आज धर दबोचा है ।।

राखी

रिश्तों की एक डोर है जिसको,
हम सब कहते हैं राखी ।
भाई बहन के प्यार के बंधन,
को सब कहते हैं राखी ।।

दुनियाँ के सारे रिश्तों से,
बढ़कर इसको माना है ।
स्वार्थ से हो परे सभी ने,
इसे प्रेम रूप में जाना है ।।

आज हुआ कुछ ऐसा,
राखी औ कलाई पास नहीं ।
सजधज कर है बहना बैठी,
किंतु भाई उसके पास नहीं ।।

उसे पता क्या उसका भाई,
लौट कर अब ना आयेगा ।
लड़ते लड़ते सीमा पर ही,
वीर गति पा जायेगा ।।

जैसे हो जंगल में चंदन,
त्यौहारों में रक्षा बंधन ।
भाई बहन का पावन दिन,
आओ मिलकर कर लें वंदन ।।

हर बार तो ऐसा होता नहीं,

राखी औ कलाई पास में हो ।
अपने तो दिल में रहते हैं,
मन इतना भी तू उदास ना हो ।।

सज धज कर बहना है बैठी,
इस बार तो भाई आयेगा ।
पहले चोटी को खींचेगा,
उसको बहुत चिढ़ायेगा ।।

वादा करके गया था भाई,
वादे में सिमटकर आया है ।
सीमा पर वो शहीद हुआ,
तिरंगा में लिपटकर आया है ।।

व्यापार

वो धनी थे जो नफ़रत का व्यापार करते रहे ।
हम अकिंचन थे प्रेम की भीख मांगते रहे ।।

लाश की आस में जिंदा रहते थे वो सब ।
हम जिंदगी भर जिंदगी की दुआ मांगते रहे ।।

वो पेट पर लात मारने को मर्दानगी समझते थे ।
और हम पेट भरने के लिए काम मांगते रहे ।।

वो नाकामियों को छुपाने के लिए संघर्षरत रहे ।
हम नाकामी को मिटाने के लिए पता मांगते रहे ।।

वो औरत को बस बाजारू सामान समझते रहे ।
हम सबसे औरत के लिए सम्मान मांगते रहे ।।

वो हमें हराकर खुद को बाजीगर समझते रहे ।
हम उनकी खातिर अपनी हार की दुआ मांगते रहे ।।

प्यार में दिल जीते जाते हैं

पास में रहकर समझ सके ना,
दूर हुए तब पता चला ।
जितना प्यार है तुमसे जाना,
उतना ही दुनियाँ से गिला ।।

तेरे प्यार में होश संभाला,
तब से ही बेहोश हैं हम ।
दवा है बेहोशी की तू और,
बेहोशी का तू ही है सिला ।।

मेरे दिल में जो तस्वीर है,
शायद वो सूरत है तू ।
सांस चलेगी जब तक दिल में,
तुझे भुला दूं कैसे भला ।।

मिटा दी अपनी हस्ती सारी,
तुझ पर है कुर्बान ये दिल ।
प्यार में लुट जाना है मुझे,
सोचा ही नहीं मुझे क्या है मिला ।।

'रीतेश' बदलना है प्यार का मतलब,
प्यार को प्यारा करना है ।
प्यार में दिल जीते जाते हैं,
ना जीते जाते हैं किला ।।

बड़ी हार

नींद टूटी मेरी, ख्वाब अधूरे हुए
मन से देखे जो सपने ना पूरे हुए ।
प्रेम की कल्पना ना हकीकत हुई,
कसमें वादे हमारे ना पूरे हुए ।
जिंदगी कह रही प्यार ही सार है
प्यार में जीतना ही बड़ी हार है ।।

वो जो हमारे ही हैं तो उनसे क्या फिर गिला?
समर्पण ही प्रेम है क्यों सोचें क्या फिर मिला?
होश में हम नहीं उनका खुमार है ।
प्यार में जीतना ही बड़ी हार है ।।

दूर जाकर भी कितना सताते हैं वो
अहमियत अपनी हरदम बताते हैं वो ।
यादों की हम पर तो भरमार है ।
प्यार में जीतना ही बड़ी हार है ।।

जिनको चाहा था हमने वो मिले ही नहीं
वो जिंदगी थे मुकम्मल सिलसिले ही नहीं ।
शिकायत उनसे बहुत फिर भी आभार है ।
प्यार में जीतना ही बड़ी हार है ।।

बदलाव

बदलाव हुए इतने सारे लेकिन हम बदले ही नहीं ।
बदलाव हुए इतने सारे लेकिन गम बदले ही नहीं ।।

बदल गयी सूरज की तपन,
चंदा की शीतलता बदल गयी ।
बदल गया फूलों का रंग और,
भौंरों की मादकता बदल गयी ।
प्रेम किया तो पाया प्रेम के नियम बदले ही नहीं ।
बदलाव हुए इतने सारे लेकिन गम बदले ही नहीं ।।

बदल गयी होठों की छुअन,
आंखों का चलन भी बदल गया ।
बदली मुस्कान अचानक से,
बांहों में यूँ बंधना भी बदल गया ।
लोगों का नजरिया बदल गया हम तुम बदले ही नहीं ।
बदलाव हुए इतने सारे लेकिन गम बदले ही नहीं ।।

बदल गयी चिट्ठी – पाती,
आपस का मिलना भी बदल गया ।
बदल गए सामाजिक ढांचे,
भाषा का परिधान भी बदल गया ।
प्रेमी की मुश्किल करने वाले सितम बदले ही नहीं ।
बदलाव हुए इतने सारे लेकिन गम बदले ही नहीं ।।

मुक्तक

(1)

मानता तो मुझे वो भी बहुत है ।
जानता तो मुझे वो भी बहुत है ।
मजबूरी ही होगी जन्मदिन पर मेरे,
बधाई देने को बेचैन वो भी बहुत है ।।

(2)

एक ही किस्सा याद आता है उसका,
वो मुझसे मिला और बिछड़ गया ।
वैसे तो वो बहुत बुद्धिमान सा लगा,
मगर एक मामले में फिर पिछड गया ।।

(3)

जाते जाते मेरा हिसाब तो करते जाते मित्र,
जिंदा यादों की पोटली अभी तुम्हारे पास है ।
खोने का डर रहता होगा किसी और को,
हम स्वयं से ना खो जायें इसलिये उदास हैं ।।

(4)

बातें बनाना तो कोई तुमसे सीखे,
क्या बेचा है हमको हमारे ही हाथों ।
कितनी सफाई से खुद बच निकले,
कराकर खून हमारा हमारे ही हाथों ।।

(5)

मैं जिंदा हूँ मेरा अहसान मानो,
मुझे मारने की साज़िश कई बार हुई!
ये छींटाकशी का खेल नया नहीं,
ऐसी बद्तमीज़ियां तो कई बार हुईं!!

(6)

सोच नहीं बदली तुम्हारी अभी तक मेरे बारे में,
मुझे जितना आसान समझते हो उतना नहीं हूँ मैं ।
चाहो तो आजमा लो जिंदगी के किसी मोड़ पर,
जितने खुदगर्ज तुम हो दोस्त उतना नहीं हूँ मैं ।।

(7)

ये शेर ये शायरी फकत शौक नहीं है साहिब,
जिंदगी के तवे पर तप के निकलीं हैं जैसे ।
सताने में कसर नहीं छोडी है तुमने कभी,
बताने में फिर मैं पीछे कैसे रह जाता ।

(8)

मेरी मस्तियों को नज़रअंदाज़ ना कर ।
जरा धीरे – धीरे बोल आवाज ना कर ।
ना जाने कब डूब जाऊँ गमों के समुद्र में,
जरा प्यार से पेश आ मुझे नाराज ना कर ।।

प्रकाश चन्द्र झा

पिता का नाम	:	चंद्रशेखर झा
माता का नाम	:	रेणु देवी
शिक्षा	:	BBA
ई मेल	:	pcj9262@gmail.com
पता	:	ग्राम+पोस्ट- रूपडीह, मोतिहारी, थाना- मुफ़्फ़सील मोतिहारी।
अन्य	:	'अनामिका' मेरा प्रथम प्रकाशित साझा संग्रह है और यह प्रथम अवसर है कि मेरी रचनाएं किसी पुस्तक में प्रकाशित हो रही है। मै अपनी रचनाओ को लेकर बहुत उत्साहित हूँ और मैं आगे भी अन्य रचना सृजन करता रहूँगा क्योंकि मुझे अपनी रचनाओं और अपने विचारो से काफी प्रेरणा मिलती है। मुझे लगता है कि मेरी इन रचनाओं को पढ़कर पाठक भी प्रेरणा प्राप्त करेंगे।
व्हॉटसएप	:	9262884002

जिंदगी

चलती रही जिंदगी यूं हीं
और सवेरा ना हुआ
अंत तक ख्वाइशें थीं उजालों की मगर
मेरे अपनों को उजालों का गंवारा ना हुआ......
चलता रहा डगर पर तन्हा
करता रहा कई सवाल खुद से
जिंदगी भर अपने हीं परछाइयों संग
मेरा खुद का हीं गुजारा न हुआ ....
राहे जिंदगी पर रुसवाइयाँ थी
मक्कारियाँ थीं , गुमनामियाँ थीं
लड़ते सारी दुनियाँ से फकत कैसे जब
अपनों का हीं सहारा न हुआ ......

इतना आसान तो नहीं था

तुझे भुलाना इतना आसान तो नही था
तुझे दिल से मिटाना इतना आसान तो नही था।
तेरी यादों को भी अपने यादों से मिटाना
सच कहता हूँ इतना आसान तो नही था।

तेरे प्यार में टूट कर बिखर जाना
खुद को खुद से संभाल पाना
तेरे साथ गुज़ारे हर लम्हे को भूल जाना
इतना आसान तो नही था।
तुझको अपनी यादों से भी मिटाना
तुझे किसी और की बाहों मे पाना
और खुद को संभल पाना
इतना आसान तो नही था।
खुद को तुझसे दूर ले जाना
तुझे वफा और खुद को बेवफा ठहराना
खुद को गलत और तुझको सही ठहराना
इतना आसान तो नही था ।

क्यूँ !

वह आयी हीं क्यूँ
जब उसको जाना था
दिल में समायी हीं क्यूँ
जब मुझको भुलाना था....
उसने दिल की बातें बतायी हीं क्यूँ
जब मुझसे रूठ कर जाना था
वो मुझको गले लगायी हीं क्यूँ
जब मुझसे दूर जाना था।

खुशी के पल बितायी हीं क्यूँ
जब मुझको रुलाना था
वह मुझे जीना सीखलायी हीं क्यूँ
जब अकेला छोड़ जाना था।

उसने आँखें मिलायीं हीं क्यूँ
जब मुझसे हीं आँखे चुराना था
उसने अपना बनाया हीं क्यूँ
जब मुझको भूल जाना था .....

मोहब्बत

रुख़सत-ए-जिंदगी मुझे गुलजार होने दो
मुझे हुई थी जो मोहब्बत उसे एक बार होने दो
उसको देखने को तरस गया था मैं
उसे भी मोहब्बत में जार जार होने दो ।
उससे मोहब्बत की भीख मांगकर थक गया था मैं
उसे भी मोहब्बत में रुसवा एक बार होने दो
जिसने मुझे बीच राह में तन्हा छोड़ दिया था
उसे भी अब तन्हा एक बार होने दो ।
मैंने उससे की थी सच्ची मोहब्बत
उसे भी इसका एयहसास एक बार होने दो
कैसे अधूरे मोहब्बत में लोग टूट जाते हैं
उसके साथ भी ऐसा प्यार में एक बार होने दो ।
रुख़सत-ए-जिंदगी मुझे गुलजार होने दो
मुझे हुई थी मोहब्बत उसे एक बार होने दो ।

युवा शक्ति

धीर हो गम्भीर हो
तुम इस जगत के वीर हो
उठ खड़े हो जाओ तुम
तुम बहती नदी के नीर हो ।

तुम शक्तियों का सार हो
तुम खुद में ही ब्रह्माण्ड हो
तुम भोर की पहली किरण
तुम युद्ध का आगाज हो ।

तुम लालिमा हो सूर्य का
अग्नि का हो तेज़ तुम
तुम रात में प्रकाश हो
समुंद्र की हिलोर तुम ।

तुम दोपहर की धूप हो
रास्ते की छांव तुम
हर हार की किरण हो तुम
तुम जीत की वजह भी तुम ।

तन से युवा मन से युया तुम
तुम राष्ट्र की युवा शक्ति
तुम हो विकास की धूरी
और देश का विश्वास तुम ।

प्रलयकाल

हर जगह चीख –पुकार है
लाशों का अंबार है
इंसानियत है मर चुकी
बस सत्ता की हुंकार है......
सत्ता के प्रति सरकारों की
जाने क्यूँ आँखे चार हैं
क्यों नहीं भूख मिटती इनकी
इस बार आर या पार है ......
क्यों नही सरकारों को दिख रही
हर तरफ मची हाहाकार है
इंसानियत है मर चुकी
बस धर्मों का बाजार है......
रहबरी, राहजनी कहाँ नहीं
दिख रहा आज है
यह नहीं मानव की जीत

अब आरंभ का प्रलयकाल है......
मर रही है इंसानियत और
लाशों का अंबार है ......

मेरी याद

मुझे चैन क्यों नही आ रहा

मै धीरे धीरे बेचैन क्यों हुए जा रहा

मुझ में तेरी इतनी तड़प क्यों है

ये जिंदगी तू मुझे इतना क्यों तड़पा रहा....

मेरी यादों से क्यों नही जा रहा

मैं उसकी यादो में कुछ इस कदर जिए जा रहा

मैं उसे खोने के बाद भी उसे हर जगह पा रहा....

वो मुझको मुझसे छीन कर ले गयी

अब मैं किसकी यादो में जिए जा रहा

मैं खुद में हो गया हूँ गुम

वह क्यों मेरे सपनो में कुछ इस कदर आ रहा.....

उसकी बेवफाई के बाद भी मैं

उसे क्यों नही मैं भूल पा रहा......

मेरी यादो से वह क्यों नही जा रहा.....

पवन वर्मा

जन्मतिथि	:	01-10-1983
पिता का नाम	:	श्री रणमोहन वर्मा
माता	:	श्रीमती वीरती वर्मा
पत्नी	:	श्रीमती पल्लवी अरोड़ा वर्मा
पता	:	मकान नं. 72- चौगान सलाथिया, मुबारक मंडी, जम्मू-180001
संप्रति	:	इलेक्ट्रिकल इंजीनियर (कम्युनिकेशन सेक्टर)

उपलब्धियां : (1) "निकव्डे.फंघड़ू उच्ची उडाऩ" बाल कविताएं, सांझा संग्रह (डोगरी), (2) मां तेरे आंचल की छांव, साझा काव्य संग्रह -वर्ल्ड रिकॉर्ड बुक(हिंदी), (3) साहित्य मंजरी, साझा काव्य संग्रह (हिंदी), (4) डोगरें दियां मेदां, साझा काव्य संग्रह (डोगरी), (5) पांचजन्य काव्य समूह, साझा काव्य संग्रह (हिंदी), (6) स्वदेश प्रेम, साझा काव्य संग्रह (हिंदी)

सम्मान : माता चंपा देवी राष्ट्रीय कला सम्मान 2019, महात्मा गांधी दर्शन पुरस्कार 2019, प्रभात गौरव सम्मान 2020, कलकि गौरव सम्मान 2020, राष्ट्रीय प्रतिभा सम्मान 2020, काव्य स्वर्ण सम्मान 2020, साहित्य प्रणेता सम्मान 2020, रा. अग्रसर भाषा बोली सम्मान 2020।

अन्य उपलब्धियाँ : लेखन के साथ-साथ रंगमंच भी करता हूं। पिछले 20 वर्षों से रंगमंच के साथ जुड़ा हुआ हूं। कई राष्ट्रीय तथा अंतरराष्ट्रीय स्तर पर मंचन किया है। जिनमें प्रमुख हैं- ईयर ऑफ इंडिया इन रशिया, मास्को-2009, फ्रैंकफर्ट इंटरनेशनल थियेटर फेस्टिवल, फ्रैंकफर्ट-2009, कॉमन वेल्थ गेम्स-2010 , 101 st इंडियन साइंस कांग्रेस-2014, इंटरनेशनल थियेटर ओलंपिक्स-2018 आदि।

अयोध्या के श्रीराम

चलो अयोध्या दर्शन कर लें, हम सब भी श्रीराम के,

पावन भूमि जिसपर जन्मे , पुरुषोत्तम भगवान रे,

सरयू माता बहती कल-कल, अमृत तुल्य जिसका है जल-जल,

इसके दर्शन मात्र से ही, बन जाते सब काम रे ।

चलो अयोध्या दर्शन कर लें, हम सभी भी श्रीराम के.....

जहां बिराजे रामलला , मोहनी सूरत अमित छटा,

राम ही राम बसे हैं कण-कण, राम ही राम जपूं मैं हर दम,

इस धूली का तिलक लगाऊं , अति पावन निज धाम रे ।

चलो अयोध्या दर्शन कर लें, हम सब भी श्री राम के......

राम भरत लखन शत्रुघ्न, जन्मे राजा दशरथ के घर,

तीनों रानियां लेती बलाई, मोहनी सूरत अति सुखदाई,

आनंदमई हुई अयोध्या नगरी , घर-घर में गुणगान रे ।

चलो अयोध्या दर्शन करलें, हम सब भी श्री राम के......

चौरासी कोस की परिक्रमा करके , अपने अंदर श्रद्धा भर,

राम करेंगे राम करेंगे , भवसागर से तुझको तर,

कंकर कंकर में है राम, स्वर्गपुरी अयोध्या धाम,

झिलमिल झिलमिल दीप जले हैं , कोटि कोटि प्रणाम रे ।

चलो अयोध्या दर्शन करलें, हम सब भीश्री राम के......

अदृश्यकिरणें

कल रात सपने में
एक चिड़िया आकर
अपनी चोंच से
मेरी कनपटी में छेद करने लगी,
नजाने क्या चाहती थी वह?
शायद सुराख बनाकर मेरे दिमाग में
यह डालना चाहती थी कि
तुम जो इतनी बे-रहमी से
पेड़ों को काट रहे हो
हमारे घर हैं ये,
क्यों खत्म कर रहे हो इन्हे?
दाना चुगकर
थके हारे
जब वापस आते हैं
और
अपने घरोंदों को नहीं पाते
तो होता है ऐहसास
बे-घर होने का।
तिनका तिनका ढूंढ़ कर
बड़े अरमानों से सजाते हैं
अशियाना अपना,
पर जब
टूटता है तो
दुख होता है बहुत।
तुमने जो पेड़ों से ऊँचे टावर लगाए हैं

उनसे नाते तो जोड़े है तुमने
पर व्यक्तिगत संबंध टूट गया है
इन्सान का इन्सान से।
डर लगता है बहुत
इनसे निकलने वाली
अदृश्य किरणों से
लुप्त हो रही हैं हमारी प्रजातियां,
फिर ना कहना कि
अब कोई दाना चुगने नहीं आता आंगन में,
श्राद्ध में भी अब कोई कागा
नहीं खाता है बल (खीर पूडी.),
अमराई पर भी अब कोई कोयल
नहीं छेड़ती है सुरीली तान,
ऐसा ही होगा
अगर समझमें ना आई
इतनी सी बात तुम्हें।
अचानक नींद खुली तो देखा
खिड़की से एक चिड़िया
उड़कर जा रही थी
अपनी कनपटी पर हाथ लगाया
तो कोई घाव नहीं मिला,
पर हाँ,
अपनी बातों से जो घाव
वह मेरे मन में बना गई,
वह तो बहुत गहरा था
मैं सोच रहा था कि
चिड़िया छोटी थी
पर बात बड़ी कह गई।

किसान

धरती का सीना चीरकर

बोता है उसमें बीज

आस के साथ और

सींचता है अपने पसीने से

अंकुरित होता है बीज

होता है बड़ा

बढ़ती है उम्मीद भी

कि इस बार फसल अच्छी होगी।

लहलहाती हैं फसलें

देख उनको होता है

प्रफुल्लित

हर्षित

प्रसन्नचित

चमक उठता है चेहरा

जैसे हो कोई सूरज।

तनिक ना करता विश्राम

लगा होता है निरंतर प्रयास में

कि मिल जाए पूरा मूल्य-मेहनताना

उन दानों का

जिसमें मिला है उसका खून-पसीना।

हाथों की लकीरें मिट गई हैं

और माथे पर बढ़ गई हैं

क्या इस बार अच्छा दाम मिलेगा ?

और क्या कर्ज़ का पहाड़ चीर कर

खुशियों का झरना निकाल पाऊँगा मैं ?

हे मेरे विधाता
क्यों कष्ट में है अन्नदाता
सुन ले उस की पुकार,
उसकी कूक पपीहे वाली
और दे इच्छा पूर्ति का वरदान
ताकि अब ना मिल पाए
किसी वृक्ष से लटका
कोई "किसान"।

मन रे

मन रे तू क्यों विचलित है रे , मन रे तू क्यों चिंतित है रे,
दुनिया है होता है, आदमी सब देख चुप सोता है,
मरता है पल-पल इक रिश्ता, यहां कौन कद्र करे।
मन रे तू क्यों विचलित है रे....

यह दुनिया इक मेला है, आना-जाना अकेला है,
इस जीवन की रीत पुरानी, हंसना रोना कभी लाभ हानि,
कर्म ही तेरे संग चलेंगे, कोई ना संग चले।
मन रे तू क्यों विचलित है रे....

जब इच्छाएँ लेती है रूप विराट, ले जातीं सबको मौत के घाट,
यह तेरा है यह मेरा है, यह दुनिया रैन बसेरा है,
सब दौड़त हैं सब भागत हैं, यहां कौन सब्र करे।
मन रे तू क्यों विचलित है रे....

यह धूप छांव सा है जीवन , बुनती है सांसे खुशियां गम,
यहां भाई-भाई को ना भाय है, मां बाप फिरत असहाय है,
प्रभु तेरी भक्ति ही इक पथ, पर सुमिरन कौन करे।
मन रे तू क्यों विचलित है रे....

ये बेटियां

अब नहीं किसी से डरती हैं, बड़ी तेज हवा है ये बेटियां,
अब किसी के रोके नहीं रुकती हैं, बहती नदियां है ये बेटियां,
बड़ी तेज हवा हैं ये बेटियां....

चर्चे हैं रूप सौंदर्य के, दुनिया ने पहचानी यह परियां,
आगे ही बढ़े हर क्षेत्र में, हो खेल, कला या नौकरियां,
जिंदगी के मीठे राग की, सुर-ताल, आवाज हैं ये बेटियां।
बड़ी तेज हवा हैं ये बेटियां...

है नभ से ऊंची उड़ान इनकी, तोड़ तारे लाती ये बिजलियां,
मेहनत की कहानी लगन से लिखती, देखें जो सपने वो पूरे हैं करती,
अब खुद ही अपनी कश्ती की , बन गई हैं मल्लाह ये बेटियां।
बड़ी तेज हवा हैं ये बेटियां...

बेटी से होता घर रोशन, दुर्गा, चंडी है ये देवियां,
लता, टेरेसा, कल्पना, किरण, इंदिरा, साईना हैं ये ज्योतियां,
दुनिया के कोने कोने में, सफलता की पर्याय है ये बेटियां।
बड़ी तेज हवा हैं ये बेटियां....

घर आंगन को महकआती हैं , फूलों की खुशबू है ये कलियां,
कर शादी छोड़ बाबुल का घर, सूनी कर जाती पीहर की गलियां,
बनाती संतुलन दोनों जगह, मायके-ससुराल में ये बेटियां।
हमारी प्यारी ये बेटियां .

सूरज

रश्मिरथी लेकर आया सूरज, नया उजारा लाया सूरज
पीली पगड़ी पहन के सर पर, साहूकार सा लगता सूरज
रश्मिरथी लेकर आया सूरज, नया उजारा लाया सूरज।

सुबह की बेला निराली, तितली, भंवरे डाली–डाली
बैलों की घंटी की खन-खन, मृग ढूंढे कस्तूरी वन–वन
कानों में मिश्री है घोले, प्रातः प्रभु आरती के स्वर।
रश्मिरथी लेकर आया सूरज....

बच्चों की टोली है आई, बगिया में इक कली मुस्काई
परिश्रम करता एक मजदूर, भक्त प्रभु भक्ति में चूर,
चिड़िया के उड़ते झुंड को, नई दिशा दिखाता सूरज।
रश्मिरथी लेकर आया सूरज....

नींद से जागा सपना सलोना, चल, उठ, दौड़ अब वक्त न खोना
नन्हे बीज ने ली अंगड़ाई, एक जोगी ने अलख जगाई,
ओस की बूंद पत्ते पर डोली, दूधिया धुंध में छिपता सूरज।
रश्मिरथी लेकर आया सूरज....

भोर भई जब आता मुखिया, कहता सबको त्यागो निंदिया,
छोड़ो बातें वो थी कल की, जो होना है वो है अब ही
मेहनत, हिम्मत, लगन है कुंजी, नई आस जगाता सूरज।
रश्मिरथी लेकर आया सूरज....

सुबह, कोयल और अमराई, जंगल जाती पगडंडी बलखाई,
कमर पर गागर, गांव की गोरी, सर पर घूंघट लजाए थोड़ी,

लहराती फसलें देख किसान भी, खुशी से चमका जैसे सूरज।
रश्मिरथी लेकर आया सूरज....

प्रातः काल की लालिमा सूरज, नभ के भाल का तिलक है सूरज
नदिया में घुलती धूप और, सोने सा बहता यह सूरज,
दिनकर, सूर्य, दिवाकर, भानु, भास्कर, रवि मार्तंड सूरज।
रश्मिरथी लेकर आया सूरज....

उर्जा का यह परम स्रोत, प्रकाश पुंज से ओत-प्रोत
कभी छुपता बादल की ओट में, कभी खेले यह नभ की गोद में,
एक दिशा कभी दूजी दिशा तक, चलता, करता भ्रमण यह सूरज।
रश्मिरथी लेकर आया सूरज
नया उजाला लाया सूरज।

डॉ. राकेश मोहन नौटियाल

पिता का नाम	:	स्व0 श्री रतन मणि नौटियाल
माता का नाम	:	श्रीमती कमलेश्वरी देवी
आशीर्वाद	:	संत श्री गोपाल मणि जी महाराज (चाचा जी)
मूल निवास	:	ग्राम बादृशी, पट्टी– गमरी, पो0 ओ0 खांड, चिन्यालीसौड़ उत्तरकाशी, उत्तराखंड
हाल निवास	:	63/2 मीठीभेडी, निकट : रेशम विभाग, प्रेमनगर, देहरादून, उत्तराखंड
ई–मेल	:	rakeshmohannautiyal9@gmail.com
मोबाइल	:	7895655228
शैक्षिक योग्यता	:	एम.ए. (इतिहास), पी. एचडी. (इतिहास), डिप्लोमा इन आर्काइवल स्टडडिज (संस्कृति मंत्रालय भारत सरकार)
प्रकाशित कृतियाँ	:	1. तुम मेरी जगह होते (प्राची डिजिटल पब्लिकेशन) 2. पौराणिक उत्तराखंड (विन्सर प्रकाशन) पौराणिक उत्तराखंड (विनसर प्रकाशन, देहरादून) 30 शोध पत्र, और 40 से अधिक आलेख प्रकशित, हिंदी और गढ़वाली में कवितायें और कहानी प्रकाशित
सह सम्पादक	:	ॐ तरंग मासिक पत्रिका (देहरादून), सर्व भाषा पत्रिका (गढ़वाली का सह सम्पादक)
सम्प्रति	:	असिस्टेंट प्रोफेसर, इतिहास विभाग, वीर शहीद केसरी चंद राजकीय स्नातकोत्तर महाविद्यालय, डाकपत्थर, देहरादून, उत्तराखंड

मूर्ति तोड़ कर देखें

चलो जरा आज मूर्ति तोड़ कर देखें
राजनीति के इशारों पर कुछ करके देखें
यह भारत है जहां हम मूर्ति बनाते हैं
किसी के विचारों का आदर करते हैं......
तोड़ते तो हम केवल कुत्सित विचारों को हैं
जला देते हैं हम अपने मृत शरीरों को
पर न जाने क्यों हम मूर्तियां तोड़ने लग गए
आज हम अपने अतीत को भूल गए.....
हमें तो यह करना चाहिए था
मूर्तियां तो तोड़नी चाहिए थी
पर गांधी, लेनिन या अम्बेडकर की नहीं.....
हमें तो तोड़नी चाहिए
धर्म के ठेकेदारों की
तोड़ने वाली मानसिकता की
विकृत हो चुकी राजनीति की......
जो हमेशा हमें लड़ाती रहती हैं
हिन्दू मुस्लिम के नाम पर
तो कभी जात पात के नाम पर
कभी लड़ाई है गोरखा लैंड की
तो कभी जम्मू कश्मीर की.....
हमें तो तोड़नी चाहिए मूर्तियां
समाज में उपलब्ध अंध मानसिकता की
जो घर से बाहर बिल्ली मिलने पर
रास्ता बदल देती है
हमेशा लड़के की चाहत रखती है.....
हमे मूर्तियां नहीं

अंध विश्वास को तोड़ना चाहिए
घरों की दीवारों
नफरतों को तोड़ना होगा
हमें तो जोड़ना चाहिए
क्योंकि भारतीय तोड़ते नहीं
जोड़ते हैं
हमेशा अपनो को ही नहीं
अपने पूर्वजों को भी
मूर्तियों में ही याद करते हैं।

पत्रकारिता

इष्ट का मत है पत्रकारिता
पर क्या हो गया आज यहां
पत्रकारिता में से पत्र शब्द कहीं खो गया है
पत्र जिस में कभी अपनत्व दिखता था।
पर आज तो वो बस चाटुकारिता से भरी रह गयी है
जो कुछ भी कह नहीं सकते थे दो लब्ज़ प्रेम के
आज वो ही प्रेम के अगुआ बन बैठे हैं....
लोकतंत्र का चौथा स्तंभ था जो
आज वो ही लोकतंत्र का छिद्र बन बैठा है
चाटुकारिता अर्ध सत्य की समझ ही तो है
जो पत्रकारिता को ले बैठी है.....
डुबो दी है जिसने अपने मूल्यों की नौका
यही चाटुकारिता पत्रकारिता बन बैठी है
खो गए वो पत्रकार
जो सत्य की भी सत्यता जांचते थे....
जो पत्र की वास्विकता को अपने भीतर चलाते थे
सवेंदनशील मुद्दों पर अपनी राय देते थे
पर न जाने आज वो कहाँ चले गए
बालकृष्ण भट्ट और मालवीय जैसे सम्पादक
कहीं खो गए
केसरी की वास्विकता न जाने कहाँ खो गयी है
क्योंकि आज चाटुकारिता हावी हो गयी है......

बच्चे तो बच्चे होते हैं

मैं जब भी अपनी बिटिया के स्कूल जाता हूँ
के वी आई एम ए
तब ही जितना इंतज़ार करता हूँ
उसकी छुट्टी होने का
तो पाता हूँ
कि कितने प्रांत देश और क्षेत्र हैं
यहां पर
मराठी मराठी से
गुजराती गुजराती से
नेपाली नेपाली से
गढ़वाली गढ़वाली से
पंजाबी पंजाबी से
बतियाता फिरता है
स्त्री स्त्री से
पुरुष पुरुष से
हिन्दू हिन्दू से
सिक्ख सिक्ख से
मुसलमा मुसलमा से
बतियाता रहता है.....
पर जैसे ही
गेट खुलता है
तो ऐसा कुछ नहीं दिखता
कुछ भी तो क्षेत्रवाद नहीं दिखता
कोई जाती का बंधन नहीं दिखता
भाषा विभाजन भी तो कहीं नहीं दिखता....
यहां न कोई हिन्दू होता है

न कोई सिक्ख या ईसाई
यहां सब बच्चे होते हैं
जो खाते खेलते एक साथ हैं....
उनके मन में कोई भेद नहीं होता
इनमे कोई अंतर नहीं होता
इनमें कोई छोटा या
कोई बड़ा नहीं होता है....
ये तो होते सिर्फ बच्चे
जब बच्चों में कोई
भेद नहीं दिखता है
फिर वो ही बच्चे
बड़े होते ही
प्रांत जात के भेद में फंस जाते हैं....
तब हम क्यों राजनीति करने लगते हैं
हम आखिर क्यों समझदार हो जाते हैं
इससे अच्छे तो हम बच्चे ही ठीक थे
सही में......

मैं राकेश हूँ

मैं अच्छा भी हूँ

मैं बुरा भी हूँ

मैं सच्चा भी हूँ

मैं झूठा भी हूँ

मैं राकेश हूँ ।

कभी पूरा हूँ

कभी अधूरा भी हूँ

मैं एक हूँ

पर अनेक भी हूँ

मैं राकेश हूँ।

मैं पूर्ण भी हूँ

मैं अपूर्ण भी हूँ

मैं पूर्णमासी भी हूँ

मैं ईद भी हूँ

मैं सुहागिनों का आसरा हूँ

मैं कृष्ण राधा के प्रेम का सहारा भी हूँ

मैं सच्चा भी हूँ

मैं झूठा भी हूँ

मैं राकेश हूँ।

मैं पूज्य भी हूँ

मैं अपूज्य भी हूँ

मैं एक वंश भी हूँ

मैं निर्वंश भी हूँ

मैं पुरुष भी हूँ

मैं स्त्री भी हूँ

क्योंकि मैं राकेश हूँ।

नाले से मुलाकात

आज प्रेम नगर में चौराहे पर मेरी मुलाकात हो गयी

किससे ये बता दूं

नाले के पानी से

मैंने झुंझलाए नाले से पूछा–

ये क्या बतमीजी है

अपनी राह पकड़ो

दूसरों को क्यों परेशान करते हो?

वो झट से बोला

मैं क्या करूँ?

मेरी राह तो आपने ही बंद कर दी है

आप जैसे बहुत हैं

जो मुझ पर अतिक्रमण कर बैठे हैं....

तो में कहां जाऊं अपनी राह कहाँ से पकड़ूँ?

आऊंगा तो तुम्हारे

दरवाजे पर ही

चलूंगा तो तुम्हारी राह पर ही

वैसे चिंता मत करो कुछ देर का बहकाव है

बारिश के बाद मैं

खुद अपनी राह चल दूंगा

तुमको तुम्हारी राह दे दूंगा .....

एक ख्वाब दिखता है मुझे

एक अल्हड़ खुश मिजाज लड़की का
जो कभी छेड़ जाती थी मुझे अपने इशारों से
उसके वो ख्वाब जो कभी हकीकत न बन सके
जो बैठी है कहीं एक कोने में दिल की गहराई में.....
सोचता हूँ जगा दूँ उसको या खुद जाग जाऊं मैं ख्वाबों से
पर बुरा लगता है उसका ख्वाब तो पूरा होने दूँ
अल्हड़ खुश मिज़ाज़ चेहरे को थोड़ा आराम तो करने दूँ.......
आसमां धरती के बीच मेरे ख्वाब ही तो थे
जो मंज़िलों के बाद भी एक दूजे को देख लेते थे
पर यदि ये भी टूट गए तो क्या मिलेगा
मंजिल पाने के बाद......
वो तो बस अलसाई पसरी रहेगी
कहीं दूर चांदनी की तरह
रोशनाई लेकर किसी और सूरज की.....
और पूजी जाती रहेगी किसी तुलसी की तरह
किसी के घर आंगन में
मैं क्यों तोड़ूं उसके इन ख्वाबों को
मैं बस खुश हो जाऊं अपने ख्वाब में
उसकी जिंदगी के पन्नो को पलटकर
अपनी डायरी के कुछ लफ़्ज़ों को छूकर......

तेरी आदत

तेरी आदत हो गयी है मुझको
अफीम सी
तेरी आदत
जरा देख लूं या सूंघ लूं तेरी खुशबू को
तो जिंदा हो जाता हूँ .....
एक मुर्दे से अलग
मैं कुछ नहीं हूं
तुझ बिन मेरी
मुझ बिन तेरी
कोई आदत नहीं है .....
पर मुझे तो नशा लगा है
आदत हो गयी है
तेरी सी .....
बस सोचता रहता हूँ
तुझको अपने में
बस देखता रहता हूँ
सोचता था कि कौन है
शायद आदत से अलग तू
कुछ नहीं
पर क्या तेरे बिन में कुछ समझ पाऊंगा
खुद को ....।

सीमा अग्रवाल

जन्म तिथि	:	26/03/1970
माता/पिता	:	कुसुम देवी/वैरिस्टर बाबू
शिक्षा	:	स्वतंत्र अध्ययन और लेखन
सम्प्रति	:	गृहिणी
लेखन विधा	:	छंद, दोहा, शायरी, लघुकथा, कहानी, मुक्तक
प्रकाशित रचनाएँ	:	साहित्य साधक (अखिल भारतीय साहित्यिक मंच) सहरसा बिहार से प्रकाशित।
प्राप्त सम्मान	:	साहित्य साधक सम्मान (अखिल भारतीय मंच) सहरसा बिहार द्वारा सम्मानित।
पता	:	ग्राम+पोस्ट– रामनगर, पश्चिमी चंपारण (बिहार)
मोबाइल नम्बर	:	9470660503
मेल आई डी	:	agarwal seema942@ .com

मेरी प्यारी मां (बाल कविता)

मां जैसी होगी ना कोई,
दुनिया में कहीं भी।
मां करती बच्चों की सेवा,
बिना स्वार्थ के यूं ही।
जब बच्चा डर कर जगता है,
मां तुरंत जग जाती है।
अपनी गोद में उसे सुलाती,
आंचल उसे ओढ़ाती है।
यदि थोड़ी खांसी आ जाए,
रात भर वह जग जाती है।
सुबह उठकर मेरी प्यारी मां,
काम पर फिर लग जाती है।
सारा काम अकेले करती,
कभी नहीं झुंझलाती है।
जब देखो तब हंसती रहती ,
हमें भी खूब हंसाती है।
दादा जी की सेवा करती ,
दादी को नहलाती है।
हमें तैयार कर स्कूल भेजती,
खुद भी काम पर जाती है।
रात को थपकी देकर मां
प्यार से हमें सुलाती है।
पता नहीं कब खुद सोती है,
और कब जग जाती है।

मन

मेरा मन उड़ रहा पवन संग ,
छूने को आकाश।
पर नहीं है पर नील गगन को,
छूने की आस।
आए हवाएं मुझको भी,
एक बार उड़ाले जाए।
पंछी सी उड़ती मैं जाऊं ,
जहां हवाएं जाएँ ।
ना पिजड़ा होना ही रोक टोक,
ना पैरों में जंजीरे ।
कुछ दिन की ही मिले आजादी ,
हो पंछी सी तक़दीरें ।

मजबूर पिता

यह कैसी तेरी लीला है ,
यह कैसा तेरा प्यार है ।
कैसे तुम इंसान बना कर,
उसे बंदर जैसे नचाते हो ।
क्या इंसान के भाग्य में लिखा ,
कुछ भी लिखते जाते हो ।
तड़प रहा पिता सेज पर ,
बेटा पीकर आता है ।
रो रही पिता की बूढ़ी आंखें ,
बेटा खूब चिल्लाता है ।
यह मदिरा कितनी गंदी है,
घर कितनों का तोड़ेगी ।
बेटा मरा कितने लोगों का,
कितनों के बाप को मारेगी ।
कैसा लिखा तू भाग्य की लेखा,
मुझको आज बता भगवान ।
कृपा करके तू सबको,
अच्छे रास्ते पर ला भगवान ।

मेरे सपने

छोटे से मेरे सपने हैं
सपने ही मेरे अपने हैं
इनके बिन मैं रह ना सकूंगी
सब जो टूटे सहना सकूंगी।
मन के मंदिर के अंदर
मैं बहुत से सपने बुनती हूं
पलभर में वह बिखर हैं जाते
फिर मैं उनको चुनती हूं।
चुन-चुन कर मैं फिर से उन्हें
अपनी आंखों में बस आती हूं
पर आंसू संग निकल रहे हैं
रोक नहीं उन्हें पाती हूं।
कुछ इस दिल में पड़े हुए हैं
छोटे से हैं बड़े नहीं है
मेरे सपनों का क्या मोल नहीं है
जो सब कहते वही सही है।
मेरा वह विश्वास कहां है
कोई भी मेरे साथ कहां है
मैं आज ऐसे पथ में पड़ी हूं
उस पथ में सिर्फ मैं ही खड़ी हूं।

दाता झरना (बाल कविता)

कल कल कल कल
नदियां बहती,
झर झर गिरता झरना।
झरना कोई साज छेड़ता ,
नदियां गाती हैं गाना।
मछली उसमें कुदक-कुदक कर ,
नाच दिखाती फुदक फुदक कर।
कछुआ बार-बार सिर उठाता,
जैसे कुछ वह भी है सुनाता।
किनारे पर बैठे मेंढक टर्राते,
जैसे सुर में सुर मिलाते।
केकड़ा पानी में ऐसे चलता ,
गाना सुन उसका दिल मचलता।
यह पानी के जीव हैं सारे ,
पर मानव को न लगते प्यारे।

बुढ़ापा

मरने की उम्मीद में,
जिए जा रहा हूँ।
फटी पड़ी है अंग की चादर ,
सीए जा रहा हूँ ।
भीड़ ही भीड़ थी कभी जिंदगी में,
सभी न जाने कहां गए ।
पड़ा अकेला सेज पर लेटा ,
बाट निहारूँ अपनों की ।
सभी मस्त अपने जीवन में ,
चिंता किसे मेरे सपनों की ।
मनसूना जीवन सूना ,
सूना लगे संसार है ।
आँखें निहार रही जिस पथ को,
वह सूना हर बार है ।
मेरे अंश मुझे छोड़ गए,
सोच के मन बेचैन है ।
जीने की अब रही चाह नहीं,
मरने को तैयार है ।

हौसला (बाल कविता)

आंधी आयी जोरों की
गिर गया चिड़िया का घोंसला
रो रही है चिड़िया रानी
टूटा उसका हौसला।
रो रही है बिलख रही है
अंडा मेरा कहां गया
रोते रोते हुए अधीर
किसे सुनाए अपनी पीर ?
फिर उसने देखा उस ओर
उसका अंडा था जिस ओर
था सुरक्षित पत्तों पर तो
आयी उसकी जान में जान
जिसका टूट गया था हौसला
उसने ली फिर नयी उड़ान।

धरती मां का प्यारा (बाल कविता)

बारिश रुकी छटा अंधेरा

चला किसान खेत की ओर

धरती का लाडला किसान

चल पड़ा अकेला मेढ़ों की ओर।

कंधों पर उसके हल कुदाल

धरती का गाना गाता है

मेरे देश की धरती सोना

उगले उगले हरदम गुनगुनाता है।

सरहद के रखवाले जवान

यह धरती का रखवाला है

खेती इसकी कर्मभूमि है

मिट्टी इसकी शान है।

फसलें इसको जिंदा रखती

फसलें इसकी जान हैं।

कोयल गीत (बाल कविता)

आया बसंत ऋतु, कोयलिया गाये,
पेड़ों पर पत्तियाँ नयीं नयीं
चारों दिशाएं।
सारे पेड़ों पर छाई
कैसी जवानी, देखे बटोही तो
हटे ना निगाहें।
कोमल सी पत्तियों पर
लाली है छाई,
जैसे अपने बच्चों को पा
कोई माँ मुस्काई ।
कोयलिया गाती जाती
ऐसे शर्माए,
जैसे पिया को देख
गोरि लजाए।
इधर उधर देखे उसकी
हटे ना निगाहें ,
नए लगे डाल उसको
नयी सब शाखाएं।
कुहू कुहू करती हुई
डाल–डाल जाए,
प्यारी सी गीत कोई
गाकर सुनाएं।
कहती है सज धज के
पिया मेरे आए ,
आया बसंत ऋतु
कोयलिया गाये।

शिवम गुप्ता

जन्म तिथि	:	9 अगस्त 1992
जन्म स्थान	:	दिल्ली
पिता	:	प्रवीण कुमार गुप्ता
माता	:	मीनू गुप्ता
शिक्षा	:	एम.एस.सी. (मैथमेटिक्स), बी.टेक (मैकेनिकल)
साझा कृतियां	:	मेरी जुबानी
लेखन विधा	:	शायरी, लघु कथा
गतिविधियां	:	लेखन, अध्यापन
सम्प्रति	:	अध्यापन, स्वतंत्र लेखन
संपर्क	:	सी – 61, रोहित कुंज, पीतमपुरा, दिल्ली – 110034
ई- मेल	:	shgdtu@gmail.com
दूरभाष	:	9654793359

हसरतें

जो मस्तिष्क पटल को जागृत कर
एक फितूर वहां पनपा दे
कुछ ऐसी होती हैं हसरतें .
रूह को जो नचा दे,
खलबली वहां मचा दे,
कुछ ऐसी होती है हसरतें .
हां दिल को जो धड़का दे,
कोई ज्वाला भी भड़का दे,
कुछ ऐसी होती हैं हसरतें . .
जो सहसा हमें चौंका दे ,
कोसों निद्रा को भगा दे,
कुछ ऐसी होती हैं हसरतें .
सहस्र सवालों को पनपा दे,
उत्कंठा समय पर उत्तर की जगा दे,
कुछ ऐसी होती हैं हसरतें . .
सलाहों का सैलाब ला दे,
पराए पर ऐतबार करा दे ,
कुछ ऐसी होती हैं हसरतें .
वह परिश्रम का पहाड़ दे,
उनका रस सदा बहार दे,
कुछ ऐसी होती हैं हसरतें .
मन शांत करादे,
तनाव बाहर झड़कादे,
कुछ ऐसी होती हैं हसरतें . .
कर्म का नशा चढ़ा दे,
कर्मों से आशिक़ी करा दे,

कुछ ऐसी होती हैं हसरतें
दो पल में सासें उड़ादे,
बिखरे तनको चिपकादे,
कुछ ऐसी होती हैं हसरतें . .
राह चलते को झटकादे,
भटके को राह दिखादे,
कुछ ऐसी होती हैं हसरतें
जीगर को फौलादी बना दे,
रात दिन का भेद मिटा दे,
कुछ ऐसी होती हैं हसरतें . .
हदें सारी पार करा दे,
सोचना और कुछ दुश्वार बना दे,
कुछ ऐसी होती हैं हसरतें
जगन्नुम से भी इश्क करा दे
जन्नत की भी सैर करा दे,
कुछ ऐसी होती हैं हसरतें . .
चहरे पर सुकून बिछा दे,
तृप्त आत्मा कर संतुष्ट कर दे,
कुछ ऐसी होती हैं हसरतें .
हसरतों को पाने की
हसरत उत्पन्न करती है,
कुछ ऐसी होती हैं हसरतें . .

ज़िन्दगी एक किताब...

ज़िन्दगी है एक खुली किताब,

रखती है वह सबका हिसाब,

दो टूक नजर सरल आती है,

बही खाता पूरा सजाती है....

बस लिखने मे ही अक्षर सात,

है असल में यह जीवन का सार,

तभी तो है यह खुली किताब .

सहस्र आए अश्रु कोटी बहाए,

समझने में इसको रहे सब असहाए,

पन्ने पलटें आशा में,

फ़िर दे पलटें निराशा में .

किताब भले हो ज़रा सी छोटी,

बातें मगर है मोटी मोटी,

कुछ नटखट कुछ झट पट,

देती ताउम्र का पूरा स्वाद है

तभी तो है यह खुली किताब है .

कर्तव्यों की बारीकियों को

समझाती बैठ कर हिसाब,

तभी तो है यह खुली किताब ..

आशिकों को आशिक़ी है सिखाती,

युवाओं में पूरा जोश भरवाती,

जो न चाहे आशिक़ी

दूजा कोई विषय सिखाती,

रखे दूर से बंधे जैसे रखे कोई मां और बाप,

तभी तो है यह खुली किताब .

इसकी बनावट अपने हाथ में,

इसकी सजावट अपने हाथ में,
जब दी हो लिखावट भी अपने हाथ,
समझो कि मिल गया है आशीर्वाद.
कभी पीछा न छुड़वाएगी,
देगी हर कदम पर साथ,
तभी तो है यह खुली किताब..

तुम सोचो तो....

तुम सोचो तो तुम में केवल तुम ही हों,

तुम सोचो तो तुम में हमदम ही हों,

तुम सोचो तो तुम में दिखते हम ही हों,

तुम सोचो तो ..

तुम सोचो तो तुम में कोई भ्रम ही हों,

तुम सोचो तो तुम में कोई गम ही हों,

तुम सोचो तो तुम में बसता किसी का दिल ही हों,

तुम सोचो तो ..

तुम सोचो तो तुम में सरगम ही हों,

तुम सोचो तो तुम में अनोखे ढंग ही हों,

तुम सोचो तुम में उठती तरंग ही हो,

तुम सोचो तो ..

तुम सोचो तो तुम में टूटा दिल ही हों,

तुम सोचो तो तुम में अंकुरित तिल ही हों,

तुम सोचो तो तुम में खुशियां की रील ही हों,

तुम सोचो तो ..

तुम सोचो तो तुम में बीता कल ही हों,

तुम सोचो तो तुम में अगला पल ही हों,

तुम सोचो तो तुम सिंचाई का फल ही हों,

तुम सोचो तो ..

तुम सोचो तो तुम में जलती वह उम्मीद ही हों,

तुम सोचो तो तुम में बदलाव की रीत ही हों,

तुम सोचो तो तुम में मचलती जीत ही हो,

तुम सोचो तो..

तुम सोचो तो तुम में कहीं स्नेह ही हों,

तुम सोचो तो तुम में सदा कलह ही हों,

तुम सोचो तो तुम में ब्रह्मा महादेव गणेश ही हों,
तुम सोचो तो . .
सोचने से कभी किसी की हार नहीं होती,
सोच कैसी भी हो कोई अंतर नहीं किन्तु…
बिना सोच के परिवर्तन की शुरुआत नहीं होती।।

आशिक़ी मेरी ज़िन्दगी से...

आशिक़ी मेरी ज़िन्दगी से रही बा कमाल,

जैसे पनपा कोई छोटा पौधा, बनकर वृक्ष महान

पहले प्यार से सींचा उसने,

दी भी थोड़ी डांट फटकार,

आशिकी मेरी ज़िन्दगी से रही इतनी गहरी यार

जैसे कुएं में मचलता पक्षी जल ढूंढे हर बार

मिला जो जल तो गहराई मिटी,

मिली जो ज़िन्दगी तो तन्हाई मिटी,

आशिकी मेरी ज़िन्दगी से रही इतनी बेशुमार

जैसे हों कोई हीर रांझा मिलने को बेकरार .

राँझे के बिना हर हीर अधूरी,

जो हो न ज़िन्दगी बाकी हर चीज़ मजबूरी,

आशिकी मेरी ज़िन्दगी से रही खुदा की बक्शी यार

न खुद बिगड़े, नही बिगड़ने दे,

बनी ऐसी अद्भुत जोड़ी सरताज . .

आशिकी मेरी ज़िन्दगी से है इतनी ही विशाल,

न आंकी जाए, न ही यह ताकी जाए,

हो जैसे कोई प्रसिद्ध गिरी के समान . .

आशिकी मेरी ज़िन्दगी से हो न शब्दों में बयान,

हो नाम भले ही आखर वाला किन्तु,

दे अनुभूति का यह पैगाम .

आशिक़ी ऐसी चीज़ है जो जल्दी पल्ले न पायी,

जिसकी भी झोली में आयी ,

दी लौटती कभी न दिखाई,

हो जाए जो आशिक़ी ज़िन्दगी से,

वह है एक अलग पड़ाव मेरे भाई । ।

मां की ममता महान है...

खुद चाहे मुसीबतों का पहाड़ उठा ले,
धैर्य इसका बड़ा बेमिसाल है,
जो पूत को तिनका भी भार लगे,
सर्वथा यह समझ से बाहर है क्योंकि,
मां की ममता महान है...
तरक्की जब कभी न्यून रहे,
यह अन्नपूर्णा दात्री महान है,
सब त्याग पुत्र का पेट भरे,
खुद के लिए गुठली भी
भंडारे समान है क्योंकि,
मां की ममता महान है...
बराबरी इसकी कदापि नहीं,
शख्सियत यह अपरमपार है ,
खुद के हक़ चाहे सौ मरे,
खुली बाहों से स्वीकार है,
नंदन का बाल बांका हो गर ,
दुर्गा काली का रूप बहाल है क्योंकि,
मां की ममता महान है...
दुनिया भर की सारी
खुशियों को बेटे के लिए
कर्ज की सासें स्वीकार हैं ,
पर वत्स को हल्का कम मिले
उसकी ममता पर सवाल है क्योंकि,
मां की ममता महान है...
मेरी हर श्वास में तेरा नाम हो,
हर सुबह तुझसे, तू ही हर शाम हो,

हर उपलब्धि में तेरा हाथ हो,
काम मैं करूँ, नाम तेरा जपूँ,
तू खुदा की मुहरत मैं तेरा भक्त बनूं,
रहे तू मेरी मां मैं तेरा पूत रहूं,
चाहत है यह अगले जन्म भी
तेरा सपूत रहूँ ।

सुजाता प्रिय 'समृद्धि'

पति का नाम	:	श्री शंकर प्रिय
पिता का नाम	:	प्रो0 मुरली मनोहर प्रसाद
माता का नाम	:	श्रीमती शकुंतला प्रसाद
शिक्षा	:	एम .ए . (इतिहास)
अभिरुचि	:	गायन, लेखन, संगीत पेंटिंग इत्यादि।
प्रकाशन	:	विभिन्न पत्र–पत्रिकाओं एवं कई साझा संकलन में कविताएं प्रकाशित
प्रकाशनाधीन	:	गीत गुनगुनाओ (कविता संग्रह)
निवास	:	रांची, झारखंड
प्राप्त सम्मान	:	30 सम्मान पत्र एवं उपाधि साहित्य सृजन पर।
मोबाइल नंबर	:	8051160102, 9006815265

सरस्वती वंदना

हे ज्ञान दायिनी माँ सरस्वती,
तुझको हमारा है विनय।
साहित्य सेवा हम करें नित,
हमको सदा देना विजय।
लेखनी में निज शब्दों के,
जो बीज हम बोते यहाँ।
सींचते हैं जड़ को इसके
तेरे चरणों को धोते यहाँ।
आशीष दो माँ हम को इतना
सदा रहें हम सब अजय।
प्रस्फुटित कर शब्दों को,
पौध में विकसित करें।
फिर वृक्ष बना हर डाल में,
काव्य-पुष्प पुलकित करें।
अज्ञान हो सदा पराजित,
ज्ञान की गंगा बहे।
हम सभी साहित्य प्रेमी,
साथ-साथ मिल कर रहें।
हे वीणा वादिनी माँ सरस्वती,
हो हमारा ही सुजय।
वृक्षों की हर डाली में,
यहाँ ज्ञान ही फूले-फले।
पात-पात में लह लहाए,
डाल-डाल झूले झुले।
तेरे चरण- कमलों को छुएँ ,
हम रहे सदा ही हो अभय।

बिटिया का संदेश

बैठी थी इक ठांव मैं, अपने बिखरे पन्ने ले जीवन के।
कोशिश मेरी लाख रही पर, सुलझ न पाई उलझन मन की।
जीवन पथ की बाधाओं को, कविताओं में बांध रही थी।
हकीकत में जो सधन पाया, कहानियों में साध रही थी।
असफलताओं से टूटे मन को, निराशाओं से हताश मन को।
सांत्वना दें रही थी अपने, मुरझाए, निराश मन को।
वहीं पर छोटी बिटिया मेरी, खिलौने लेकर खेल रही थी।
क्यारी में खिले गुलाब पर, नजरें अपनी वह फेर रही थी।
लक्ष्य बनायी फूल तोड़ना, हाथ बढ़ाती वह बारम्बार।
पकड़ी उसने फूल की डाली, मुंह से निकल पड़ी चित्कार।
कोमल कर में चुभ गये कांटे, नयनों में उसके भर गये पानी।
होंठ फुलाकर बिलख उठी वह, लेकिन उसने हार न मानी।
हाथ बढ़ाई पुनः एक बार, आये बस पत्ते हाथ में।
सफलता की किरण मिली, कुछ आशा के साथ में।
एकबार फिर बढ़ चली, उठकर वह फूलों की ओर।
अपने नन्हे कदम बढ़ाकर, हाथ से डाली पकड़ मरोड़।
बढ़ा दूसरा हाथ झट से, फूल को उसने तोड़ लिया।
असफलताओं को मार तमाचे, जवाब उसे मुंह तोड़ दिया।
इस तरह मुक भाषा में, हमें संदेश उसने दे डाला।
बाधाओं से हर दम लड़ना, चाहे पीना पड़े विष-प्याला।
असफलता अगर मिले कभी तो, मन को न निराश करो।
सफलता संमुख होगी मेहनत से, मन में यह विश्वास धरो।

साक्षर जमाई

साक्षरता का अभियान चला, तो लगे सभी जन पढ़ने।

सीख-सीख कर अक्षर-अक्षर, जोड़-जोड़ शब्द गढ़ने।

एक नेताजी ने भी अपने, बेटे को खूब पढ़ाया।

क्या जाने उनके सुपुत्र ने, उनको है मूर्ख बनाया।

रोज खा-पी कर विद्यालय को, निकलता बस्ते लेकर।

दिनभर मित्रों के घर जाकर, खेलता जूआ जमकर।

घरआकर मां-बाप से कहता, मैं जमकर पढ़ता हूं।

पढ़ाई कर भावी जीवन की राहों को मैं गढ़ताहूं।

सातवीं की वार्षिक परीक्षा मे, लाया वह नम्बर जीरो।

घुड़की दे पास कराये नेताजी, बन गया बेटा हीरो।

फिर निरक्षर गाँव में उन्होंने, बेटे की ब्याह रचाई।

सास- ससूर फूले न समाए, पाकर साक्षर जमाई।

एक बार जमाई राजा जी, पहुँचे जब ससुराल।

सासु-माँ चिट्ठी पढ़ने बोली, हुआ हाल, बेहाल।

घंटे भर टक टकी लगा कर, पढ़ते रहे खोए-खोए।

सासु- माँ को देख बेचारे, दहाड़ मार कर रोए।

जमाई को रोता देख बेचारी, सास बड़ी घबराई।

चिट्टी में कैसी बुरी खबर है, बताएँ मुझे जमाई।

क्या कोई बीमार पड़ा है, या किसी की मौत हुई है।

क्या कोई घर छोड़ कर भागा, किसी की सौत मुई है।

रोते-रोते बड़ी देर में, जमाई राजा ने मुँह खोला।

'क' दुबला हो गया सासु-माँ, बिलख-बिलख वह बोला।

जब मैं लिखता था पट्टी पर 'क' दिखता था मोटा।

आज देखिए न इस चिट्ठी में, 'क' है दुबला-छोटा।

सास-ससूर ने सिर पीटा, पाकर जमाई साक्षर।

ऐसी साक्षरता से भला है, रहना हमें निरक्षर।

भाई रे सोंच-समझ कर चल

भाई रे! सोंच –समझ कर चल

थोड़ा सम्हल–सम्हल कर चल।

यह मत सोंचो आकाश चढ़ूँ

यह मत सोंचो पाताल गिरूँ

अपनी धरती पर ही तू चल ।भाई ..

यह मत सोंचो चलूँ नहीं

यह मत सोंचो रुकूँ कहीं

जिस पथ पर कभी निकल ।भाई ..

अच्छी चाह को छोड़ो मत

मुँह सत्पथ से मोड़ो मत

अच्छे कर्म करो हर पल ।भाई .....

लक्ष्य पंथ पर बढ़े चलो

पर्वत पर भी चढ़े चलो

अपने पथ पर रहो अटल ।भाई ....

वैसी आग न सेंको तुम

वैसी धूप न देखो तुम

जिसमें तन–मन जाए जल ।भाई ...

वस्तु पराई न छुओ तुम

दुर्लभ बीज न बोओ तुम

चाहे दिल जाए मचल ।भाई ......

जब मुखको खोलो तुम

मीठी बोली बोलो तुम

देखो पत्थर भी जाए पिघल ।भाई

कभी न आँखें करना नम

काम सभी तू करना स्वयं

जीवन होगा शुद्ध–सरल ।भाई .....

सावन आया

मौसम बड़ा सुहावन आया।
देख सखी री सावन आया।
बादल गरज रहे अंबर से,
झूम, झमाझम पानी बरसे,
आँगन आज बना तालाब,
तैराते बना कागज की नाव,
भाव बड़ा मनभावन आया।
देख सखी री सावन आया।
बागों में कलियाँ मुस्कायी,
पात-पात हरियाली छायी,
चिड़ियाँ चहकी गाना गायी,
भौंरे ने भी तान मिलायी,
कृष्णा का वृंदावन आया।
देख सखी री सावन आया।
धानी चुनरी मन को भाई,
माथे बिंदी- सिंदूर सजाई,
मेंहदी हाथों में रचवाई,
हरी चूड़ियाँ पहन कलाई,
मनको यह रिझावन आया।
देख सखी री सावन आया।
पेंग बढ़ा कर झूला झूलें,
आसमान को जाकर छूलें,
मन में आ मीठापन घोलें
वैर- भाव को मन से भूलें,
उतम मास है पावन आया।
देख सखी री सावन आया।

कहाँ गई तुम ओ गौरैया

एक जमाना बीता जब मेरे कमरे के रोशन दान पर,
खर-पतवार के तिनके, दबा चोंच में लाती थी तू गौरैया।
एक-दूजे में उलझा-उलझा कर, थोड़ा उसमें फँसा-फँसाकर,
अपने बच्चों की खातिर, घोंसला अपना बनाती थी तूगौरैया।
रह-रहकर तुम्हारे नव-जन्में बच्चे, मधुर कलरव जिसमें करते थे
मेरे निरस हृदय में मधुरस घोल, नव- जीवन वे भरते थे
रस भरा वह नीड़ का गागर, कहां तू लेकर उड़ी गौरैया।
चीं-चीं की कोमल संगीत, सुनाई पड़ता था कानों में
मन के तार झंकृत हो उठते थे, उनके मोहक-मीठे गानों में
जाने कहां से वह कोमल तान, उन्हें सिखाती थी तू गौरैया।
उनके कोमल, लाल चोंच में, तुम दानों के कण भरती थी
निज शिशुओं की भूख मिटा कर, अंतर की पीड़ा हरती थी
बच्चों पर मां की ममता का यह पाठ पढ़ाती थी तू गौरैया।
चलचित्र-सा देखा करती थी, पुलकित मन से मैं वह दृश्य
माता की ममता की महिमा, कैसी सुंदर उपहार सदृश्य
मगरआज वह दृश्य नहीं है, क्योंअदृश्य हुई गौरैया।
ना दिखती हो तुम गौरैया, न श्रवण ही होता तुम सबका गाना
रोशन दान घोंसले बिन सूना है , कौन छेड़ेगा वह प्रेम-तराना।
राग बिना अब मन है सूना, सुनती क्यों ना तुम गौरैया।
हाय कहाँ तू गई गौरैया, बना बसेरा आसमान में
नीले-नभ की सीमा पाने, या पर फैलाने नील –वितान में
तेरे बिन यह धरती सूनी, अब वापस आजा तुम गौरैया।

तेरा काजल है मतवाला

अखियों में काजल भर,
मुझ पर जादू न कर , बृजबाला !
तेरा काजल है मतवाला ।
यह गोकुल नगर,
जिसमें है मेरा घर, गुण वाला
मैं हूँ मोहन बाँसुरीवाला ।
काले–मेघों से काजल चुराकर
तूने अखियों में रखली बसाकर
अब मुझे न चुरा,
मुझको दिल में बसा, सुरबाला!
मै हूँ मोहन बाँसुरीवाला ।
तेरे काजल में जादू भरी है
इसलिए मेरी अखियाँ लड़ी हैं
मुझको घायल न कर,
अपने कायल न कर, हे बाला!
मैं हूँ मोहन बाँसुरीवाला ।
तेरी अखियों का काजल निराला
तेरे नैना हैं मदिरा का प्याला
मुझ को करे बेखबर,
कुछ न आता नजर, मधुबाला!
मैं हूँ मोहन बाँसुरी वाला ।
अपने नैनों में काजल न डालो
मृगनयनी तू मुझको बसालो
तुझको लगता है डर,
मुझसे ऐ हमफर, मैं हूँ काला।
मैं हूँ मोहन बाँसुरी वाला ।

वन-उपवन खिल गया पलास

आया वसंत लेकर मधुमास
वन-उवपन खिल गया पलास।
अधखिला- सा है डाल-डाल
आधा काला औ आधा लाल।
लगता है अंगीठी अधसुलगी
लटकी है डालियों की फुनगी।
औषधीय गुण लेकर यह खास
डाल-डाल खिल गया पलास।
रंग लगता इस का श्रृंगार भरा
जैसे हो लाल-लाल अंगार भरा।
झुण्ड बना यह खिल जाता है
मानो पेड़ों पर आग लगाता है।
दहक-दहक करता है परिहास
वन-उपवन खिल गया पलास।
लगता लाल चोंच के शुक्रवार
इसलिए तो कहलाता है किंशुक।
रंग फाग का , लेकर आता है
पर हाथ न किसी के आता है।
डालियाँ इसकी चूमे आकाश
डाल-डाल खिल गया पलास।
यह है परसा , यह है केसु
यह-ही रक्त पुष्प, यह-ही टेसु।
पत्तों को यह ढक जाता है
इसलिए तो ढाक कहलाता है ।
है बस त्रीपत्रक सुंदर सुवास
डाल-डाल खिल गया पलास।

कोरोना छा गया देखते-देखते (गज़ल)

क्या अजब हो गया देखते-देखते
क्या गजब हो गया देखते-देखते ।
जिसकी आगोश में है सारा जहाँ,
कोरोना छा गया देखते – देखते ।
चैन अमनों-चमन का है लुट गया,
त्राहिमाम मच गया देखते– देखते ।
हम अपने ही घर में हैं कैद पड़े,
नजर बंद हो गए देखते – देखते ।
दूर रहते हैं हम अपनों से अभी,
फासला बढ़ गया देखते-देखते ।
मुफ्त जानें गई बेकसूरों की यहाँ
काल बन छा गया देखते-देखते ।
जो लगते थे स्वस्थ्य-निरोगी यहाँ,
वो मरीज बन गए देखते-देखते ।
कोई जोर न चलता इस पर यहां,
हम विवश हो गये देखते-देखते ।
मन में अजब भय समाया हुआ,
घबराया है दिल देखते – देखते ।
जाने कब-तक इसकी रहेगी कहर,
सता रहा है ये डर देखते-देखते ।
हे ईश्वर है बस अब तेरा आसरा,
दुःख हर ले जरा देखते– देखते ।
आशा की ये किरण है मन में जगी,
तू दुआ बन के आ देखते– देखते ।

सुप्रिया पाठक "रानु"

जन्म तिथि	:	02 जनवरी 1989
जन्म स्थान	:	गोपालगंज बिहार
पिता	:	श्री दीनानाथ पाण्डेय
माता	:	स्मृति शेष निर्मला पाण्डेय
पति	:	पाठक प्रीतेश कुमार 'पीयूष'
शिक्षा	:	स्नातकोत्तर – पर्यावरण विज्ञान एवं प्राणी विज्ञान, बी.एड
साझा कृतियाँ	:	अनुभूति, काव्य मंज़री (प्रकाशनाधीन)
लेखन विधा	:	मूलतः काव्य, निबंध, कहानी, लघुकथा,
गतिविधियां	:	लेखन, अध्यापन
सम्प्रति	:	अध्यापन एवं स्वतंत्र लेखन
संपर्क	:	ग़ाज़ियाबाद, उत्तर प्रदेश
ईमेल	:	ranusupu@gmail.com

शब्द लिख देते जो

शब्द लिख देते जो भाव सारे,

प्रफुल्लित मन और हृदय के घाव सारे,

फिर अश्रुओं का स्थान क्या रह जाता,

लिख डालते जो दर्द सारे

तो फिर भावों का मान क्या रह जाता,

हो जाता है असमर्थ लेखन भी

कुछ भावों को व्यक्त कर पाने में,

कैसे लिखूं ठंड की नरम से धूप

की हल्की गरम नरमाहट,

कैसे लिखूं अंधेरों से झांकते सूरज

की ललिमाओं की हल्की सी आहट।

कैसे लिख दें शब्दों की वर्णमाला

नरम कोमल दूबों पर

ओसों के बिखर जाने की चाहत,

शब्द लिख देते जो ...

कैसे लिख दूँ, इंतज़ार में ताकते नयन

या फिर मिलन की खुशी के आँसू की चमक

कैसे बाँधू शब्दों में किसी के न होने

और लौट के न आने का गम

कैसे उत्तर दूँ शब्दों ये आंखें नम,

शब्द बेशक बेजान हो जाते हैं कभी कभी,

पर भुला भी दूँ कैसे

शब्द जो उतर जाते हैं दिल में

शब्द जो बह जाते हैं आंखों से

शब्द जो कह जाते हैं अनकही बातें सारीं ....

मंज़र हमारे प्यार का

आइने की न जरूरत पड़े,

तुम्हारी आँखों मे ही सजती रहूं,

सौ तारीफें दुनिया की एक ओर,

तुम्हारी नजर जो मुझ पर ठहर जाए,

उसे ही अपलक देखती रहूं,

तुम कहो न कहो

मैं प्यार के तराने गुनगुनाती रहूं,

तुम्हारी खामोशियों में भी दिखे

प्यार के रंग बेशुमार सा,

ऐसा ही लम्हा हो हमारे ऐतबार का..

ताउम्र रहे खुशनुमा

मंज़र हमारे प्यार का...

थाम के हाथों को हाथों में

संग तुम्हारे चलती रहूँ,

बन के राह तुम्हारे सफर में

गुजरती रहूँ,

तुम उड़ो शोहरत के आसमान पर,

मैं जमीं पर रहकर भी तकती रहूँ,

दूर होकर भी जुड़े रहे हम एक दूजे से

ऐसा ही हो लम्हा हमारे इंतज़ार का,

ताउम्र रहे खुशनुमा

मंज़र हमारे प्यार का...

तुम बने रहो विशाल फैला सागर

लिए रहो अपना खारा जल,

मैं घूम घाम कर सारा जग,

समेट कर सारा मीठा जल

समाती रहूँ तुम्हारे आगोश में,
खोकर भी अपना अस्तित्व तुमसे मिलकर,
रखूं अपना प्रेम बरकरार
ताउम्र रहे खुशनुमा
मंज़र हमारे प्यार का...

नयी किताब लिखते हैं

मन जब उड़ना चाहता है,
उस असीमित आसमान में,
और पैर बन्ध जाते हैं,
कुछ विचारों के जहां में,
अपने हर सवाल का खुद ही जवाब लिखते हैं,
दिल भर आता है भावों से तो …
एक नयी किताब लिखतें हैं..

आवाज़ रुक सी जाती है जब
चीख सकने के हालात में,
मन हारता है जब
पाबंदियों को खोलने के खयालात में,

अपने हर सवाल का खुद ही जवाब लिखते हैं,
दिल भर आता है भावों से तो,
एक नयी किताब लिखते हैं..
अंतर्मन में जब नयी कोंपलें
आती हैं सपनो की ,
भेद दूर हो जाते हैं जब
गैर और अपनों की..
अपने हर सवाल का खुद ही जवाब लिखते हैं,
दिल भर आता है भावों से तो ,
एक नयी किताब लिखते हैं …,

स्पर्श

वो पहली छूउन
जिससे मैं ठिठकी,
पर आश्वस्त हो गयी,
एक विश्वास, एक तरंग,
नयी आशा, नयी उमंग,
का संचार था,
वो स्पर्श मानो मुझमे
नयी ऊर्जा का आधार था,
बंद नयनों से भाँपा था मैंने,
एक भाव जो निस्वार्थ था
जिसमे यह कामना न थी
कि मैं सामाजिक, शारीरिक,
पारिवारिक, खोखली प्रतिष्ठा,
खोखले परम्पराओं के आडम्बर,
खोखला अहम, खोखली इज़्ज़त का ढिंढोरा
जैसी जरूरतों का निवाला बनूँ,
अपने हाथों को हृदय से लगाकर पूछा था
मन से बड़े मन से यह सवाल मैंने,
ये स्पर्श कैसा है,
टटोल कर अंतश तक मेरे मन को
मन का प्रत्युत्तर था,
यह स्पर्श सिर्फ और सिर्फ प्रेम से भरा है,
तुम खिल पाओ ,
जैसे कुसुम खिल जाती है,
एक रोशनी की किरण से
वैसी ही सैकड़ों किरणे भरी हैं

इस प्रेम के एहसास में,
तुम उड़ पाओ ऐसा ही
असीम विश्वास भरा है
इस निश्छल प्रेम में,
मूंदे नयनों की एहसास छुअन की,
मानो था एहसास नव जीवन का
इससे पहले कि ये मन भ्रमित हो जाये,
और मैं देव समझ बैठूं उसे,
खुल गए मेरे नयन,
और छुप गया मेरे स्वप्न में
वो स्नेहिल छुअन…

बदलाव

वो कमल थी,
कीचड़ में खिलना प्रवृत थी
सामाजिक आँधी ले आयी
उसका रूप बदलकर रेगिस्तान में,
नागफनी बनी है
पानी(प्रेम) के अभाव ने
पत्ती(सुकोमलता) की जगह
कांटे(दृढ़ता)ऊगा दिए,
फिर भी छोड़ न पायी अपनी प्रवृत
खिलने के कम हैं आवृत
पर संयम से हरी दिखती है
मुस्कुरा कर अब भी खिलती है
रंग, रूप, आकार,
स्वरूप बदल जायेगा,
प्रवृत, और प्राकृत
बदलने का हुनर कोई
कहाँ से लाएगा ?
झड़ जाते हैं पत्ते सारे
वृक्षों के भी हर पतझड़
बसन्त के आते नयी कोंपले
कोई कैसे रोक पायेगा
विवश करेगा हर वातावरण,
चाहेगा तुममे उसके अनुकूल परिवर्तन,
की ढल जाओ तुम उनके आवरण
अडिग अचल रहना
सम्भलना सदा सम्बल रहना,

ठहर जाना कुछ देर या पथ बदलना,
पर न कभी मंजिल बदलना,
सदा अपनी प्रवृत में रहना
न कभी अपना आचरण डिगाना,
नफरत मिले मिलती रहे,
प्रेम स्वभाव है तुम्हारा
प्रेम को प्रेम से निभाना...

सुरंजना पांडे

पति का नाम	:	डॉक्टर सुशांत पांडेय
पिता का नाम	:	श्री सुरेंद्र कुमार पांडे
माता का नाम	:	श्रीमती ज्ञानवती पांडेय
शिक्षा	:	तीन विषयों से परास्नातक, गोल्ड मेडलिस्ट दो विषयों में
विधा	:	कहानी , कविता, लघु कथा, लेख आदि।
प्रकाशन	:	कई मंचो और पत्र-पत्रिकाओं में रचनाएं संपादित।
		पहली रचना –दिप्ती पत्रिका में संपादित।
सम्मान	:	बेस्ट लेखिका और सर्वश्रेष्ठ कवियत्री का सम्मान।
निवास	:	रामनगर, बिहार, पश्चिमी चंपारण।

मेरे जीवन साथी

मेरे मरु जीवन में स्नेहमयी
प्यार की बूंदों से जो तूने
किया है मेरे जीवन को अभिसिंचित
असंख्य कोमल कलियाँ सी खिल उठी
अभिलाषाओं से परिपूर्ण हुआ यह
मन मेरा चंचल.......
जीवट अभिलाषाओं को
प्यार की किरणों से
तूने कर दिया आच्छादित,
अकल्पनीय खुशियाँ दी
ऐ मेरे जीवन साथी
मेरे प्यारे मित्र !तुम हीं
मेरे जीवन के अवलंब हो
नहीं किसी मित्र की चाहत
जब तक तुम मेरे मीत हो.....
इसीलिए मेरा ये मन
तुम्हारे लिए लिखता रहता
सदा प्यार ही प्यार.....

धुन्ध

है घना धुन्ध छाया

घनघोर कोहरा है चंहुओर

दूर दूर तक ना दिख रहा कोई

न हीं आती कोई आहट ......

पसरा है सन्नाटा

दूर तलक चंहुओर

लगता है बादलों ने

ओढ़ रखी है सफेद चादर

सभी छिपे हैं, दुबके हैं

ठंड से बचने के लिए

अपने अपने ठिकाने में ....

है धुंध बड़ी सघन दूर तलक

ना आ रहा कोई नजर

है बड़ी गहन ठंडी रात

छंट जाएगा ये घना अंधेरा

जब होगा सुबह का उजियारा ......

बिल्कुल इस जीवन की भाँति

ना घबराएँ कठिन

जीवन की घड़ियों में

खुद पर रखे संयम

निडर और सतर्क रहें ......

सदा सरल और सहज बने

धीरज और धैर्य के साथ

जिए मिला जो जीवन ......

दुख के बाद सुख का आना

यह जीवन का शाश्वत नियम है

रात के बाद दिन का आना
प्रकृति का सदा से नियम है......
दस्तक देंगी खुशियां फिर से
करिए यकीन
यह प्रकृति का नियम है.....

जिंदगी

ये पथरीली सी जिंदगी

जिंदगी बदल रही है

पल-पल बदल रही है

मानो कुछ कह रही जिंदगी.....

हर पल चल रही जिंदगी

हर पल छल रही जिंदगी

पेंचीदी सी पथरीली रास्तों वाली

जिंदगी उग रही सवालों में

हर कोई जी रहा ख्यालों में.....

कोई जाग रहा ख्यालों में

कोई सो रहा ख्यालों में

जिंदगी बढ़ रही सवालों में......

जिंदगी किसी के लिए ना रुकेगी

जिंदगी यूं ही चलती रहेगी.....

पथरीले से रास्ते हैं बड़े

चलना होगा संभल संभल के

रोमांच भी है गुस्ताखी भी

खुशियां भी हैं तन्हाई भी .....

करवटें बदल रही जिंदगी

सिलवटें ला रही जिंदगी

जिंदगी है एक रंग मंच के जैसे

करने हैं कई पड़ाव पार.....

करने हैं यहाँ कई किरदार अदा

सपने बड़े सजोने हैं......

महसूस

कुछ चीजें दुनिया की देखी नहीं जाती
दिल से महसूस की जाती हैं ....
जैसे हवा का झोंका
शहद की मिठास
सुंदर फूलों की खुशबू
पंछियों की चह चहाहट.....
झरनों का अविरल बहना
नदियों का कलकल बहना
और प्यार जो सबसे खूबसूरत एहसास है
और सबसे सुंदर एहसास है.....
अपनों के संग महसूस की जाती है
प्यार से बढ़कर इस दुनिया में
कोई ऐसी चीज नहीं
जो सदा दिल से महसूस की जाती है.....

कल्पना हो या कोई हक़ीक़त

कल्पना हो या तुम कोई हक़ीक़त

सौम्य सुकुमार सजल राज कुमार ....

कविता की चौपाई तुम

शायरी की गहराई तुम

मतवाले कजरारे नैन तुम्हारे

काजल की गहराई तुम ....

सूरज की अरुणाई तुम

शाम की अंगड़ाई तुम

तुम्हीं हो गजल

तुम्हीं हो भँवर

सागर की गहराई तुम .....

तुम से ही हम दम मेरा जीवन

काव्य हो या रिचा हो तुम

लगती तुम ऋतुओं सी सुंदर

भावनाओं का अथाह समंदर तुम ....

तुम ही हीर तुम ही हो रांझा

इस जीवन रूपी नाव के

मांझी तुम ....

खुशियों की दुकान

काश! खुशियों की दुकान होती
हमें भी उसकी पहचान होती
कर देते हर पल को खुशियों से आबाद
कीमत भले ही मेरी जान होती है....
काश!इस जग में कोई दुखी ना होता
ना होता कोई गरीब यहाँ
अपनी अपनी खुशियां मिल जाती
ना होती कोई उलझन यहाँ.....
ना होती किसी से कोई अनबन
काश! सब मजे से जीते यहां....
पर यह नहीं है संभव यहां
क्योंकि पतझड़ के बाद बसंत आता है
दुख के बाद सुख आता है
यही है काल चक्र जीवन का
कोई हँस के गुजरता है
तो कोई रोके गुजारता है....
यह सब समय का फेर है साहब!
सब मोह माया है इस जग का
सब कोई इसमें फंस जाता है....

सियासत

सियासत की बातें बहुत हो चुकी हैं
अब ना हो ज्यादा सियासत की बातें
और ओछी राजनीति की बातें
इंसानियत मर चुकी है इस जहां से....
ओछी गंदी बयान बाजियों के
जुमले तैर रहे यहां बस
बेबाक बातें बस की जाएँ
की जाएँ केवल न्याय की बातें ......
हर शख्स को यूं ना
तराजू पर तौला जाए
यूं ना अपने इंसान होने के
स्तर से गिरा जाए....
आखिर आप इंसान हैं
कोई हैवान नहीं !
जो हो बात साफ लफ्जों में समझाया जाए
जनता जनार्दन करेगी खुद फैसला यहां
जनता की ताकत को यूं ना गंवारा जाए....
सनसनी मच जाएगी
जब जनता सड़क पर उतर जाएगी
तू तमाशाई ना बने यहां
सच कहने की हिम्मत रखें
सच की जीत होती है अंत में
इस बात पर यकीन रखें.....

मुस्कुराहट

सदा मुस्कुराते रहें
जीवन में सदा मुस्कुराते रहें
फासले कम करें
दिलों को दिलों से मिलाते रहें ....
दर्द कैसा भी हो कितना भी गहरा
कोई गम ना करें
रात है काली अंधेरी घनी
यूं ना आंखों से आंसू बहाते रहें ....
एक सितारा बने
और जगमगाते रहें
एक दूसरे के सुख दुख बांटते रहें
बने नेक बंदे संयम और धीरज रखें
अंधेरी रात के बाद उजाला फिर से आएगा
यह आस उम्मीद सदा जगाते रहे हैं....
हंसी बिखेरें इस दुनिया में
खुशियां दे सबको खुशियां बांटें
जीवन है यह पल दो पल का
इंसान बने इंसानियत की राह चले....

दीपक कुमार पंकज उर्फ़ आवारा कवि

साहित्यिक नाम	:	दीपक कविबाबू
पिता	:	रम्भू साहू "रामू"
माता	:	जानकी देवी
जन्मस्थान	:	गोबरसही (मुज़फ़्फ़रपुर) बिहार
स्थायी पता	:	ग्राम+पोस्ट– विष्णुपुर बघनगरी, थाना– सकरा, जिला– मुज़फ़्फ़रपुर (बिहार)
संपर्क	:	8084491137, dkkmr.kumar37@gmail.com
संप्रति	:	हिंदी शिक्षण अध्यापक सह कलमकार।
शिक्षा	:	हिंदी भाषा विज्ञान से स्नातकोत्तर, डिप्लोमा पाठ्यक्रम I.T.I, D.el.ed शिक्षक प्रशिक्षण
लेखन विधा	:	गद्य और पद्य दोनों ही विधाओं में लेखन जारी है छंद, मुक्तक कहानी, कविता हाइकु, दोहा विधाओं में लेखन।
अन्य	:	विभिन्न पत्र-पत्रिकाओं अखबार में रचनाएं प्रकाशित होती है।
सम्मान	:	कोरोना योद्धा सम्मान, रेड डायमंड अचीवर अवार्ड, राष्ट्रीय समाज सेवा रत्न, मदर्स प्राइड अवार्ड सहित अन्य सम्मान।
साहित्यिक प्रेम	:	हमेशा से साहित्य के प्रति गहरा जुड़ाव रहा है 14 वर्ष की उम्र से हिंदी साहित्य रचनाएं लिख रहे हैं। अपनी भावनाओं अनुभव, विचार, सोच को शब्दों में कविता, कहानी में पिरोते रहे हैं जो अभी भी जारी है।
अभिरुचि	:	कविता लिखना, संगीत सुनना, समाज सेवा, यात्रा करना
गतिविधियां	:	आए दिनों भविष्य में अपनी एक संस्था स्थापित करके आर्थिक तंगी से जूझते पूर्ण रूप से असक्षम बच्चे– बूढ़े लोगों लोगों के लिए निःशुल्क सेवा एवं शिक्षा 'Our common future for Human Life' के द्वारा प्रदान करना।

श्रृंगार

चमकता रूप खिलता यौवन
क्या है निखार तेरा
करली तू मुझे अपने आगोश में
क्या यही है व्यापार तेरा.....

शब्द हैं सजावट तेरी
रूप है श्रृंगार का
दौलत है पराई मेरी
कुछ सिक्का है उधार का.....

वाह क्या त्वचा का कमाल है
सचमुच क्या यही तेरा रूप है
न्योछावर कर दी सर्वत्र अपना
वाह कितना सुंदर स्वरूप है....

पावन हृदय निर्मल गंगा सा
तूने अमृत पान कराया है
हे सौंदर्य की देवी
कितना भव्य तुम्हें ईश्वर ने बनाया है।

मंजिल और राहें

एक स्वपन,
एक आशा
मेरी मंज़िल एक राह देखती है
ख़ुद से ख़ुद ही अंजान हूं मैं
आवारा सा एक पहचान हूं मैं।
यह जिंदगी आने वाले कल में
मुझमें एक बादशाह देखती है
मेरी मंज़िल एक राह देखती है।

ख़्वाबों के परिंदे को उड़ाया है जिसने
चांदनी रातों में ख़ुद को जगाया है जिसने
उम्मीदों के सहारे फ़िर एक नई उम्मीद में
चुनौतियों से लड़कर खड़ा रहना सिखाया है जिसने।
मेरे सपने की एक नई किरण को
मेरे संग बैठकर मुझमें ख़ुदा देखती है
मेरी मंज़िल एक राह देखती है।

चिराग़

चिराग लिए एक शहर से
शायद आज दोपहर से
देखा है मैंने तुझको
अपनी ही नजर से।

क्यों हुआ यह किसी का
मैं हूं बस उसी का
ख्वाबों में वह क्यों है आया
क्यों मेरे दिल में चिराग जलाया।

अंगारों की वह चिंगारी
जैसी माली उसकी छोटी क्यारी
जैसे अपनी एक कहानी
बाकी सब दुनिया की दुनियादारी।

क्यों आंखों में देखे सपने
जो ना हुए मेरे अपने
मैं कैसा गीत गा रहा हूं
चिराग से खुद को जला रहा हूं।

गीता

अगर सब कुछ कविता से हो जाता
तो महाभारत गीता हो जाता
लंका नगरी अयोध्या हो जाती
और रावण सीता हो जाता।
एक मानस चारों वेदों में
प्राचीन खंड संस्कृति सभ्यताओं तक
सामवेद सी रागों में
आधुनिक युग के विविधताओं तक....
गीता ग्रंथ के रूपों से
विभिन्न भव्य स्वरूपों से
असमानता के एक सभ्य भेद में
पुलकित अमर चारों वेद में
हे मानुष अब तेरा ध्यान कहां !
अब तू कहां तेरा विज्ञान कहां ?
मंत्रों के उच्चारण से
उच्च तेरे विचारों से
कैसी तेरी संवेदना है ?
व्यापक असहज यह वेदना है।
पुराणों की गाथाओं में
रामायण गीता की कथाओं में
नवनीत एक निर्णय लेकर
मन मस्तिक में एक भय लेकर।

सिर्फ़ एक दिन सुनो मेरी बातें

जीता हूं कई सालों से
मौसम की मारों से
खड़ा हूं पर्वत सा मानो
क्या कहूं ज़माने से.....

मस्ती मिलती हैं एक दिन
मानों वसंत बहारों से
जीवन बीत रहा है अपना
सूरज दादा की राहों से....

झूम झूम कर भींग रहा हूं
सावन की फुहारों से
सूरज तपती धरती जलती
गर्मी के उपनामों से.....

पत्ते भी मेरा साथ
धीरे– धीरे छोड़ रहे
मेरे साथ जीवन बिताने से
अब अपना मुंह मोड़ रहे.....

हे मानव जग के देवता
तुम्हीं करो अब कुछ विचार
हरियाली बना दो प्रकृति को
सुंदर सा यह संसार।

मेरी आँखें

तुम्हारी आंखों को इंतजार है किसी का
खबरदार! अगर कोई रोका तो
संकुचित विषम परिस्थितियों में भावना को
कोमल कलि सी खिलती अंत :मन
इस जग में मेरा कोई होता तो !

मेरी आंखें कुछ निहार रही हैं
स्वप्न में तुम्हारा चित्र उतार रही हैं
रोती बिलखती तुम्हें पुकार रही हैं
ख़ुद को ख़ुद ही ये सँवार रही हैं ।

मेरी आँखों से तुम्हारी आँखों तक
अनबुझी पहेली सी बातों तक
राहों में तुम्हारी राह देख कर
अपनी पलकों को भींगा रही हैं ।

उठता प्रश्न आंखों का कसूरवार कौन है?
अब इस जहां में इन वादियों में
अनजान सा कातिल वह बेकसूर कौन हैं?

आख़िर मदद को क्यूं नहीं आते हो?

(2020 बाढ़ पर आधारित)

जिनका अब खो रहा अस्तित्व
जिनका अब बचा नहीं व्यक्तित्व
जो अब कराह रहे हैं
अपनी जिंदगी की दर्द से
उसके पास क्यूं ना तुम जाते हो ?
आख़िर क्यों न मदद को आते हो ?

गंगा की अविरल धारा की
जिस गाथा को जग में सुनाते हो
जल के भयंकर तांडव से अब
कांप रहा यह अनोखा शहर
इसकी एक अर्जी लेकर
आख़िर क्यों न मदद को आते हो ?

क्या वह अपना तुम्हारा नहीं
क्या पानी ने उसका कुछ बिगाड़ा नहीं
भूखे- प्यासे उन लोगों को
क्यों न तुम निवाला पहुंचाते हो ?
आख़िर क्यों न मदद को आते हो ?

कराहती बेसहारे जीवित आत्मा को
क्यों अपनों की जल में समाधी बनाते हो ?
अपने क्रूर हिंसक रूपों का क्यों
उसपर कहर बरसाते हो ?
आख़िर क्यों न मदद को आते हो ?

कोई कह दो ना उसे

वह बातें, वो हंसना
साथ पग-पग हमेशा चलना साथ
मुस्कुराना, फिर रूठ जाना।
याद आ रहा है मुझे
कोई कह दो ना उसे

क्या पता है तुम्हें
साथ में एक साथ खाना
फ़िर तुम्हारा रूठने का बहाना।
रूठ कर दूर चले जाना।
फ़िर दौड़ कर पास आ जाना।
सब याद आ रहा है मुझे
कोई कह दो ना उसे।

तेरे दर्द से अब मेरा रूह कांप जाता है
बीता हुआ वह पल बहुत सताता है।
सात जन्मों का करके वादा
वो पल भर में कहीं तोड़ दे ना
कोई कह दो ना उसे।

एहसास ए-दिल अब थक गया हूं।
चलना है तेरे संग पर अब रुक गया हूं।
जिंदगी की जरूरतें तो सब पूरा कर रहे हैं।
पर उसकी कमी कोई न पूरा कर रहा।
कोई कह दो ना उसे।

दर्द क्यों छीपा रहें हैं?

दर्द आप क्यूं छीपा रहें हैं
पहले उदासी फ़िर हल्का मुस्कुरा रहे हैं।
ख़ामोश चेहरा, फीकी रंगत को।
क्यों बेजुवां बना रहे हैं।
अपने आंखों से आसूं बहाकर।
दर्द क्यों छीपा रहें हैं।

तकलीफ़ अपनी बताइए ना।
अब बस भी कीजिए, दर्द इस कदर छुपाइएं ना।
स्थिर त्वचा अब कुछ ना बचा।
अब आप कैसा क्यूं बता रहे हैं।
अपनी सुखी हुई पलकों को।
क्यूं भींगा रहें हैं।
दर्द क्यों छीपा रहें हैं।

ना जाने कब क्यों कैसे यह हो गया?
मुस्कुराता वह आपका मुखड़ा
अब उदास हो गया।
खोई-खोई चाहतों से
एक पहर रुकी हुई रातों से।
अब पूरी जिंदगी रूठ कर बीता रहे हैं।
दर्द क्यों छीपा रहें हैं।

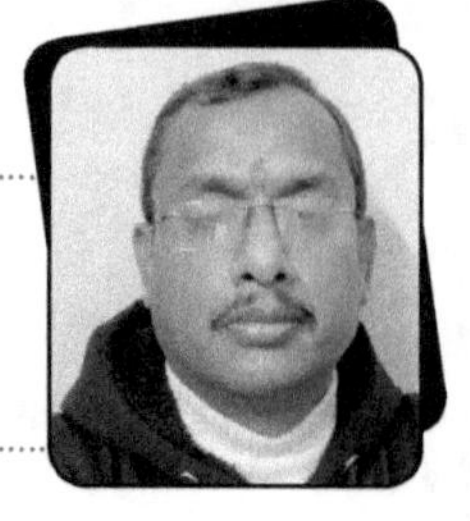

मुकेश कुमार पांडेय

जन्मतिथि	:	05 अक्टूबर 1975
पिता का नाम	:	श्री गोविन्द प्रसाद पाण्डेय
माता का नाम	:	श्रीमती यमुना पाण्डेय
शैक्षिक योग्यता	:	एम.ए. (एम.डी.एस.सी.), एम.ए. हिंदी साहित्य एवं अंग्रेजी साहित्य।
मेम्बर	:	(मेम्बर ऑफ फ़िल्म राइटर, अंधेरी, वेस्ट मुम्बई)
पता	:	श्री सदगुरु शिक्षानगर, जानकी कुंड चित्रकूट जिला सतना, मध्य प्रदेश।
स्थाई पता	:	बीरसिंहपुर, बार्ड क्रमांक–5 जिला – सतना, मध्यप्रदेश

दग़ा

यार दिल के ही दग़ा देते हैं।।
प्यार मिल के ही गवाँ देते है।।
चाहतों की कोई नही सरहद।।
लोग मिलकर ही भुला देते हैं।।
वो समझते नही मोहब्बत क्या।।
प्यार नफरत ही मिला देते हैं।।
खूब समझाते रहे हम जिनको।।
छाले बुझते ही हवा देते हैं।।
राज उनके भी हमको मालूम हैं।।
रोज जगते ही मिटा देते हैं।।
हम चराग़ों के घर कहाँ होते।।
शाम होते ही भुला देते हैं।।

दिल का इलाज

दिल का कोई इलाज हो तो करो।।

दर्द की कोई दवा हो तो करो।।

जख्म गहरें हैं खुद किये हमने।।

हमसे कोई गिला हो तो करो।।

मर्ज हमको मिला हकीमों से।।

किससे कहते इलाज हो तो करो।।

तुमने हमको खुदा बना डाला।।

अब कहाँ कह दें दुआ हो तो करो।।

सिल के रखते जुबान अब तो हम।।

आँसुओ का इलाज हो तो करो।।

हालात

हालात तो देखो क्या से क्या हो गये।।
हकीमो के शहर में बीमार हो गये।।
मुमकिन दवा नही अब वीरान सहर है।।
छालों से पेट ढकने के आसार हो गये।।
जिल्लत है जिंदगी है होता यकी नही।।
सांसों के सफ़र चलते दुशवार हो गये।।
अपनों से दूरियाँ के रखने लगे चलन।।
लगता है दिल के तार   बेतार हो गये।।
रोटी मिली सड़क में दम तोड़ते यहाँ।।
भरने को पेट आज हम लाचार हो गये।।
खुद को खुदा बनाने क्या आदमी चला।।
मातम के देश सारे अख़बार हो गये।।

बात दिल की (ग़ज़ल)

बात दिल की दिल मे रहने दे।।
दर्द मेरा सही मिल के कहने दे।।
अब शिकायत नही हमे तुमसे।।
तीर सीने में सिल के सहने दे।।
काम आती नही वफ़ाएँ अब।।
टूटे दिल का हिसाब रहने दे।।
प्यार मिलता कहाँ पता नही।।
एक अहसान हम पे रहने दे।।
भूल चाहा तुम्हें नही जाना।।
कैद में धड़कनो को रहने दे।।

सैनिक की चाह (गीत)

मुख में गंगा और तुलसी, साथ जाना चाहिए |
ज़िस्म से लिपटा तिरंगा ,साथ जाना चाहिए ||
कर्ज माटी के बहुत हैं , कुछ तो है करना अदा |
रंग माटी में मिले कुछ ,साथ जाना चाहिए ||
ये शहीदों की धरा हैं ,जान से प्यारी हमें |
जान से लिपटी हुई ,पहचान जाना चाहिए ||
टूट कर बिखरे मगर , कुछ तार सांसो के सिले |
आज मुस्काता कफ़न बन ,साज़ जाना चाहिए ||
रास्ते गुजरे बहुत हैं ,धूप बारिस छावं के |
कारवाँ नजदीक से कुछ ,दूर जाना चाहिए ||
हमने घर कितने चरागों, के किये रोशन यहाँ |
अब चरागों के सहर कुछ , साथ जाना चाहिए ||
मैं मुसफिर हूँ यकीं कर ,लो चला हँसते हुए |
हर गली खुशबू से तर हो महक जाना चाहिए ||

माँ

तुम पर लिखने को
कुछ है ही नही शेष ...
माँ !
तुम स्याही
की परिभाषा हो
माँ !
तुम कलमकार की आत्मा हो
तुम अनंत की परिभाषा हो ....
माँ !
तुम्हें पाकर कुछ पाने की इच्छा नही रहती है
हाँ तुम ही हो एक सच मेरा
मेरे अस्तित्व की गवाही ....
तुम्हारे स्नेह में कई जीवन
उधार लेने हैं
हाँ माँ !
तुम हो तो रंग है
फूलों में खुशबू है
हवा में नमी है
धूप में गर्मी है ....
माँ !
हाँ माँ !
समंदर की लहरों में तुम को
आते हुए जाते हुए
और उसे पुकारते हुए देखा है ....

आकाश की गहराइयों से आर पार तुझे महसूस किया है

माँ !
माटी की सोंधी सोंधी महक में तुझे महसूस किया है ...
धरती की हरियाली में
पूजा घर की थाली में
तुझे और सिर्फ तुझे महसूस किया है....
माँ!
तुम मेरा अभिमान हो, सम्मान हो मेरी पहचान हो....
माँ ! तुम देह से आत्मा की पहचान हो ..

दुनिया की सबसे छोटी कविताएँ

(1)

दो,
तीर चले
प्यासे रे!!

(2)

जा
गा रोना
दिखे ना!!

(3)

दम
मद के
भरे डरे परे जा!!

(4)

बुल बुल गा
राग भूली नही रे!
कागा कगार!

(5)

मरे का रोना
कॅरोना दुनिया रे
डसे कितने!?

(6)
लौ
जले जी!!!
आह!

(7)
पतिंगे जले
छली लौ गाये बाती
छलिया ख़ाक!!

(8)
जा रे
पवन उड़ कह
सावन हरे!!

(9)
मैं ना
मैना बोले गई पा
तू बस !!

(10)
लिखे विधाता
रचे लिलार मिटे ना
कागद कोरे!

अमित कुमार गुप्ता

पिता का नाम	:	प्रदीप कुमार गुप्ता
माता का नाम	:	सावित्री गुप्ता
जन्मतिथि	:	28 जुलाई 1987
शिक्षा	:	B.Sc., M.Sc., B.Ed., M.Ed., M.A. (EDUCATION, SOCIOLOGY, PHILOSOPHY), N.T.T.
संप्रति	:	अध्यापक, स्वरोजगार
प्रकाशित कृतियाँ	:	पावन माटी, दिल कहता है, जीवन उत्सव है इत्यादि
ई-मेल	:	dr.amitisthebest@gmail.com
पता	:	बाजार टोला, पुरानी बाजार, रामकोला, पोस्ट – रामकोला, जनपद– कुशीनगर उत्तर प्रदेश 274305
मोबाइल नंबर	:	9415243441, 9936812268

यही जीवन है

जन्म दिया जब माता ने,
पिता ने जीना सिखाया,
परवरिश हुई जब दोनों से,
जीवन को जीवंत बनाया.....

नन्हा नन्हा पाँव बालक का,
करता है मनुहार,
चलना है मुझे भी मैया,
तू ही मुझे सम्भाल.....

धीरे –धीरे बड़ा हुआ,
बचपन से अब युवा हो गया,
देखो मैं चलने भी लगा,
और बचपन मेरा जिम्मेदार हो गया.....

शायद जीवन इसी को कहते हैं ,
जब हम बड़े हुए तो हम ये भूल गए,
कि माता – पिता अब अपनी जिम्मेदारी हैं ,
बचपन जिसने हमें दिया,
यही जीवन है, यही जीवन है, यही जीवन है.......

धर्म

जिसे तू धारण करता है,
वही तेरी पोशाक है,
तेरी पोशाक से ही
तेरी पहचान है......
तू जैसा चाहे वैसा बन जा,
बस तू इतना रख ध्यान,
तू जो धारण करता है,
वहीं तेरी पहचान है.......
तू मानव है,
तू अद्भुत है,
तेरा होना ही तेरी शख्सियत है,
बस तू इतना रख ध्यान कि तू
असाधारण है, सरल है, सौम्य है,
तू ही अपना धर्म है,
तेरा वजूद ही तेरा धर्म है,
तेरी मानवता ही तेरा धर्म है,

हे मानव! तू धन्य है, तू धन्य है, तू धन्य है....

मैं हारा हुआ इंसान हूँ

मैं हारा हुआ इंसान हूँ
लड़ी नहीं लड़ाई मैंने,
ना कोई मेरा दुश्मन है
फिर भी, मैं हारा हुआ इन्सान हूँ।

मेरा संघर्ष स्वयं से,
हर वक्त चलता, द्वन्द युद्ध है
सुना था मैंने जीतने को,
मन पर विजय जरुरी है।
हर ख्वाहिश कुचले, अरमां मसले,
मन को बहुत संभाला मैंने,
ना मन हारा, ना मैं जीता,
और सब कुछ गंवाया मैंने।
क्यूंकि, मैं हारा हुआ इंसान हूँ।

बहुत प्यार था दिल में मेरे,
चला उसे सब ओर लूटाता,
चंद लोग थे मेरे अपने,
कुछ खून से, कुछ जीवन से।
विचारों के धरातल पर
उनसे भी मैं जा टकराया,
हर ठोकर पर गिरते-पड़ते,
रोते-हँसते उन्हें मनाया।
मेरी लड़ाई ऐसी है कि . . .
हार कर सब कुछ गवाऊँ,
जीत कर भी हार जाऊं.

क्यूंकि, मैं हारा हुआ इंसान हूँ।
लोग कहते दिल की सुन लो,
दुनिया सारी तेरी होगी,
ये अजब सा खेल है कि,
दिल की सुनने जब चला मैं,
सबने मेरी जुबां क़तर दी।
हँसना-रोना, कुछ ना आये,
पत्थर सा एक बुत बना के,
खेलते हैं सभी मुझसे,
मजबूत और गंभीर कहकर,
क्यूंकि, मैं हारा हुआ इंसान हूँ ।

तन्हा चिड़िया

तन्हा बैठा था एक दिन मैं अपने मकान में,
चिड़िया बना रही थी घोंसला रोशन दान में।

पलभर में आती पलभर में जाती थी वो,
छोटे छोटे तिनके चोंच में भर लाती थी वो।

बना रही थी वो अपना घर एक न्यारा,
कोई तिनका था, नाईट उसकी कोई गारा।

कुछ दिन बाद ....
मौसम बदला, हवा के झोंके आने लगे,
नन्हे से दो बच्चे घोंसले में चहचहाने लगे।

पाल रही थी चिड़िया उन्हें ,
पंख निकल रहे थे दोनों के,
पैरों पर करती थी खड़ा उन्हें ।

देखता था मैं हर रोज उन्हें,
जज्बात मेरे उनसे कुछ जुड़ गए ,
पंख निकलने पर दोनों बच्चे,
मां को छोड़ अकेला उड़ गए।

चिड़िया से पूछा मैंने ..
तेरे बच्चे तुझे अकेला क्यों छोड़ गए,
तू तो थी मां उनकी,
फिर ये रिश्ता क्यों तोड़ गए?

चिड़िया बोली...
परिन्दे और इंसान के बच्चे में यही तो फर्क है,

इंसान का बच्चा.....
पैदा होते ही अपना हक जमाता है,
न मिलने पर वो मां बाप को,
कोर्ट कचहरी तक भी ले जाता है।

मैंने बच्चों को जन्म दिया,
पर करता कोई मुझे याद नहीं,
मेरे बच्चे क्यों रहेंगे साथ मेरे
क्योंकि मेरी कोई जायदाद नहीं!!

तेरी याद

तेरी यादों के बाद का ये मंज़र है,
तू है तो सही........
मन में उठाये भंवर.......
कि ये यादों का क्या अन्तर द्वंद है ?

कुछ कहना मुनासीब न हीं इस ज़माने में ,
लोग दर्द को भी मज़े लेकर सुनते हैं।

उम्मीद , दुखी लोगों के लिए है
वे उम्मीद करते हैं कि कल वे आनंद में होंगे
आनंदित लोग इस पल में ही आनंदित हैं।

अपनी अपनी आदतें हैं ,
कोई वादा करता है तो कोई ऐतबार!!

सृष्टि

जीवन अद्भुत एहसास है,
इसमे सतरंगी विश्वास है,
सराबोर है उमंग से हर पल,
ये जीवंत दर्शन की शुरूआत है ।

सृष्टि के निर्माण की,
जीवन से बढ़ी है डोर,
सपने तुम पूरे करो,
सृष्टि ही है जीवन की बागडोर ।

ऊर्जा का संचार हो,
सारा सुन्दर संसार हो,
चारों तरफ हो खुशहाली,
मजबूत सृष्टि का आधार हो ।

सृष्टि से ही सुख है,
जीवन का शासन सृष्टि मैं हो,
प्रकृति का एहसास बने,
सृष्टि सभी की खास बने ।

औचित्य

औचित्य क्या है ?
सुख की कल्पना!
या फिर कल्पना से परे है ,
खुद औचित्य का औचित्य क्या है ?

बचपन की अभिलाषा?
किशोर का जीवंत संघर्ष?
युवाओं का प्रेम गीत?
या बुजुर्ग की महरूम स्थिति?
औचित्य क्या है?

निर्धन का गरीब होना?
खुद से खुद का संघर्ष?
बेरोजगारी का दंश?
खुद का औचित्य क्या है?

औचित्य, जीवन की संभावना है!
औचित्य, जीवन की आशा है!
औचित्य, जीवन की गुणवत्ता है!
औचित्य, जीवन की जीवन शैली है!
औचित्य ही तो प्रश्न को प्रकाश में लाता है.....

दिनेश कुमार प्रजापत

जन्मतिथि	:	5 अप्रैल 2000
जन्म स्थान	:	मूली, जालोर, (राज.)
पिता	:	हरजी राम
माता	:	केशी देवी
शिक्षा	:	बी.ए-बी.बीएड़ चार वर्षीय(स्नातक) जारी
लेखन विद्या	:	कविता
गतिविधियां	:	साहित्य की कई विधाओं में लेखन कार्य, इंटरनेट पर भी सक्रिय
सम्मान	:	1. जन भाषा हिंदी कॉम द्वारा –सम्मान पत्र
		2. सच की दस्तक द्वारा– उत्कृष्ट लेखक सम्मान
		3. प्राची डिजिटल द्वारा– अनुभूति लेखक सम्मान
संपर्क	:	मूली, पोस्ट–झाब, जिला–जालोर, राजस्थान पिन कोड–343040
मोबाइल नं.	:	7231051900
ईमेल	:	prajapatidk999@gmail.com

किसान की प्रकृति

इसी धरा में उपजता अन्न है,
इसी से होता प्रसन्न मानव जीवन है।
जीने की राह सिखाती
निरंतर चलती यह नदियां।
देख प्रफुल्लित होती हैं
डाल पर लगी अमिया।
सम्मान से सिर ऊंचा रखना
सिखाते यह खड़े पर्वत हमें।
निरंतर बढ़ना लक्ष्य की ओर,
सिखाती संपूर्ण प्रकृति हमें।
प्रकृति की हर अमूल्य वस्तु में,
सीखों का भंडार अपार है
लहराती फसल खेत में
किसान के लिए अंबार है।।

चलो आज कुछ नया करते हैं

आज कुछ नया करते हैं
उनके दुखी चेहरों को खुशी देते हैं,
देखो रो रहे हैं वे चेहरे
चलो उनको प्रसन्न करते हैं,
सुनो ! दिन ; देखो एक पल के लिए
चलो दिन उनकी भी सुनते हैं,
चलो आपसी मनमुटाव को मिटाकर
हम वसुधैव कुटुंबकम की भावना फैलाते हैं,
आज हम दुख के संवेग को मिटाकर
नम्रता के गीत उनके साथ गाते हैं,
देकर हम खुशी उनके हृदय को
चलो अपने हृदय को अथाह खुशी देते हैं,
चलो आज कुछ नया करते हैं
हम ईर्ष्या, घृणा, द्वेष को भूलकर ,
आज नए युग का आरंभ करते हैं
रूढ़िवादी विचारधारा को मिटाकर,

आनंदमय, आध्यात्मिक जीवन हमारा

आनंदमय, आध्यात्मिक जीवन हमारा
हिन्दू– हिंदुत्व रक्षण विजन हमारा
शील, समाधि, प्रज्ञा त्रिरत्न हमारे
क्षमा, विनय शक्ति के शील न्यारे।।

दया, त्याग, तप मनोबल हमारा
सोपान है, प्रथम आचार्य हमारा
कि हैं, देह शिक्षित जिन्होंने हमारी
आनंदमय, आध्यात्मिक जीवन हमारा।।

वेद सिखाते प्रकृति प्रेमी बने हम
सनातन संस्कृति की पवित्रता की ओर लौटे हम
अन्तशक्ति का करें, प्रदर्शन अब हम
आनंदमय, आध्यात्मिक जीवन हमारा।।

अन्नदाता

चलो आज हम एक बात करते हैं
अन्नदाता को फिर याद करते हैं,
आज हम उनकी भी सुनते हैं
चलो उस किसान की बात रखते हैं ।

वो कठिन परिस्थितियों से जुझता है
फिर भी उस सुखी इंसान की बात करते हैं,
ना भूखा रहा, ना रहने दिया जिसने
चलो आज उस अन्नदाता को फिर याद करते हैं।।

आखिर क्यों?

झूठे प्रेम प्रसंग में तुम,
डटे रहे हो क्यों?
राम-सी छवि तुम,
खोकर बैठे हो क्यों?
झेलकर तुम शत्रुओं के वार,
अभी तक चुप बैठे हो क्यों?
विषहीन नाग बनकर तुम,
सपेरों की बीन पर नाच रहे हो क्यों?
यूं ही मौन रहकर,
लोगों के सम्मुख मुखदर्शक बन बैठे हो क्यों?
आखिर करना क्या चाहते हो तुम,
वीर वृत्ति को ठंडा कर अभी तक बैठे हो क्यों?

कवि और कलम

कवि ने नैतिकता को खो रहे,
मानव समाज के विभिन्न स्तंभों को देखकर,
अचानक कलम को टटोला
और लिखने लगा,
सामाजिक, आर्थिक, राजनीतिक और वैचारिकता को
पर कलम को इनमें
उन्माद, ईर्ष्या, द्वेष एवं धर्मांधता की गंध आई,
कलम रुक-सी गई,
देखकर इन बुराइयों को
मैंने जिज्ञासावश कलम से पूछा-
तुम्हें मानव समाज में इस प्रकार की
बुराईयां ही नजर आ रही है, क्यों?
अतिशयोक्ति पूर्ण कलम बोली-
मैं सत्य उकेरती हूं,
तुम्हारा, सबका, ना समाज खरीद सकती है, ना राजनीति
दिन मैं कलम हूं सत्य के कलमकारों की।।

लिख दूं

लिख दूं उज्जवल भविष्य उसका
लिख दूं हृदय की व्यथा
लिख दूं उसकी प्रेम व्यंजना को
लिख दूं नम्रता के गीत
लिख दूं संपूर्ण संसार को
लिख दूं जन्म और मृत्यु को
लिख दूं मातृत्व, पितृत्व, मित्रत्व को
लिख दूं खुद की मनोदशा को
लिख दूं सर्वश्रेष्ठ उत्कर्ष को
लिख दूं इंसानियत को
लिख दूं शहीदों की प्रेम कहानी को
लिख दूं लाचार किसान की व्यथा को
लिख दूं इंसान के वजूद को
लिख दूं धर्म के सिपाहियों को
लिख दूं दिनकर को
लिख दूं रात्रिचर को
लिख दूं देशभक्ति के प्रेम तत्व को
लिख दूं मानवता विहीन समाज को
लिख दूं उत्कृष्ट आनंद को
लिख दूं स्वयं को
लिख दूं अमीर और गरीब की मनोदशा को
लिख दूं विज्ञान और आध्यात्मिकता को
लिख दूं अपने हृदय में संपूर्ण सृष्टि को।।

मृगतृष्णा

लोगों की शायद भूख मिटती नहीं है

तब तक

मृत्यु दरवाजा खटखटाती नहीं है

जब तक

काम, क्रोध, मद, लोभ रहता है

निरंतर हृदय से मस्तिष्क तक

धोखे की जंजीर जकड़े रहती है

उनकी नैतिकता को

क्या मृत्यु, कौन मृत्यु सुंदरी है

कहता रहता है लालची मन निरंतर

मृत्यु की शैया पर लंकेश था सोया

फिर भी विजय लालच नहीं उसका गया

इंसानों की यह कैसी मृगतृष्णा है

कोई आज तक इसे समझ ना सका है

जहां देखो, मनुष्य तृष्णा से परिपूर्ण

इधर-उधर भटकता रहता है

पर आज तक तृष्णा उसकी समाप्त नहीं हुई है

आखिर कैसी है यह तृष्णा

ओह! यह मनुष्य की मृगतृष्णा।।

कुमारी अंजु

जन्म तिथि	:	05 फरवरी 1996
जन्म स्थान	:	बक्सर , बिहार
पिता	:	श्री रामाश्रय चौधरी
माता	:	श्रीमती कुमकुम देवी
पति	:	अखिलेश कुमार
शिक्षा	:	अध्ययनरत–स्तनाकोत्तर(गणित), बी .एड,
साझा कृतियां	:	अनामिका
लेखन विद्या	:	मूलत :काव्य, कहानी, लघुकथा
गतिविधियां	:	अध्ययन, अध्यापन, लेखन
सम्प्रति	:	अध्यापन एवं स्वतंत्र लेखन
सम्पर्क	:	मोहनिया, कैमूर (भभुआ) बिहार
ईमेल	:	anjuakhil5296@gmail.com

नई ऊर्जा

मायूस, हतोत्साहित मन को ,
नई ऊर्जा देना चाहती हूँ।
बीते हुए को छोड़ –
आने वाले कल को
नई दिशा देना चाहती हूँ।
खुशियों से भरे दिन,
चाँदनी से भरी रातें ,
बस सबको समेटना चाहती हूँ।
तितलियों से रंग माँगकर,
जिन्दगी को रंगमग्न–
करना चाहती हूँ।
जीवन मे में न आएं,
कभी दुखों की घड़ी,
हँसी ठिठोली से बस –
जीना चाहती हूँ।
मैं अपने रगों के रंग में,
उम्मीदों को सारथी बना,
हौसलों की उड़ान से,
आगे बढ़ जाना चाहती हूँ।
अपारदर्शी मंजिल को तज कर
साध कर अर्जुन सा लक्ष्य ,
बस पारदर्शी के साथ–
प्रगति पथ पर जाना चाहती हूँ।

जीवन की परिमिति

जीवन की परिमिति
कही ढूंढ़ सकोगे !
काल के पहियों पर
उकेर सकोगे ,
जीवन की क्षेत्रमिति और
यादों का क्षेत्रफल....
सूत्र बना सकोगे,
सुखों के वर्ग की –
परिमिति का ......
दु:खो के वर्ग की
परिमिति का .....
बता सकते हो मुझे,
जीवन के पूरे –
क्षेत्रफल में......
दु:खों का क्षेत्रफल कितना है,
कि क्षेत्रफलों में जाना वर्जित भी है !
यादों की परिमिति,
ज़िन्दगी की जीवा,
सफ़र की परिधि,
बंधते नही समान सूत्र से,
मिला सकोगे मुझे–
जीवन सूत्र के गणितज्ञों से।

स्त्री

पारदर्शिता के टोह में, ईमानदारी की खोज में,
क्यों बैठती हूँ मैं अकेला, वीरान राह में ।
क्यों ढूंढना पड़ता है मुझे खुदको –
इस निर्मोही , स्वार्थी संसार में ।
मैं एक स्त्री हूँ,
जो बंधी रहती हूँ संस्कार में ।
वेला–वेला संजोती चंचल चित्त,
जो सबकी अभिलाषा हो ।
अक्सर क्यों उलझती मैं,
गैरों और अपनों के भी –
भावनाओं में ।
मैं एक स्त्री की–
वह परिभाषा हूँ,
जो मर्माती चित्त में,
उलझे तन में,
जान डाल सकती हूँ।
क्यों मुझें समझौता करना पड़ता है,
अपनों से ही !
मुझे, मेरी अस्मिता –
मेरी सुशीलता,
मेरा संस्कार ,
मेरे हर गुण अवगुण के साथ
लोग क्यों समझौता कराते हैं?
मैं वह नही जो आप जानते हैं,
मैं तो वह हूँ जो आप नही समझते ।

ख्वाबों का एहसास

लालिमा वो दबने लगी,
वो चाँद निकलने लगा,
तारे जो आसमाँ के थे ,
वो छूटने लगे ।
सच्चा ख़्वाब वो मेरा ,
जो ज़िल्लत होने लगा,
जिन्दा है अभी वो ज़मीर ,
पर ज़र्ब! ज़िया के क़ाबिल नही ।
एक सौ आरजू लिए सीने में,
तिमिर-सी भूल दरक जाती,
निमिष विशारद , होकर अकिंचन ,
पथिक को लेकर
उनमुक्त गगन में वो विचरती नहीं ।
लालिमा वो दबने लगी,
वो चाँद चमकने लगा,
प्रतीक्षा करती गई
वो लम्हा यादें बनती गई
न मिला किनारा,
और कस्ती बढ़ती गई ।
लालिमा वो दबने लगी,
वो चाँद निकलने लगा
खूबसूरती का अंदाज़ बढ़ते गया,
मैं इठलाते गई,
ख्मिलॉ नही साहिल,
मेरी कश्ती डूबती गई ।

मेरे तेरे दरमियाँ

मैं तेरे दरमियाँ, उम्मीदों की गुफ़्तगू,
एहसासों का क़स्बा, चुनौतियों के डगर–
संग तेरे जीना चाहती हूँ ।
देखा जो ख़्वाब, मचला था जो मन,
ख़ुद से ज़्यादा, तेरे आँखों में पिघलकर,
रँग तेरे रंगना चाहती हूँ ।
महफ़ूज चंचल मन, मनहूसियत के किनारे,
चिकोरें–सी गदगद, तन्हाईयों का चटका लम्हा,
लब्जों में तेरे गुनगुनाना चाहती हैं ।
न जाने आगे सफ़र हो कैसा,
बस तेरे दरमियाँ लिपटना चाहती हैं ।
ओसों की बूंदों–सी, आखों के नज़्म में,
समन्दर के लहर–सी, कतिपय उसके किनारें–सी,
ज़ज्बातों में तेरे पिघलना चाहती हैं ।
मन मेरा , बस तेरे दरमियाँ,
तुझसे, तुझमें सिमटकर,
तुझ तक इठलाना चाहती हैं ।

ज़िन्दगी

ज़िन्दगी थम- सी गई है ,

बिना खुले किताबें की तरह,

वो किताबें खुलने को आतुर हैं,

भाग्य , समय, वक़्त समेटे है हाथो में

वक़्त पे पाबंदी है, और मैं तेरे दर

समय की मोहलत नहीं,

भाग्य तो स्वयं साधे –

जिसका कोई उपचार नहीं,

किताबें खुल तो जाती हैं पर

पहले पृष्ठ में ही अटक जाती हैं,

पहली पृष्ठ किताब की,

अहम है हतोत्साहित सिफ़र की

प्रार्थना है उस भाग्यदाता से,

तोड़ दो सारी बंदिशें,

रख दो ताक़ पर ,

वक़्त का तकाज़ा,

उभर जाने दो किताबें ,

पढ़ लेने दो दुनियाँ को,

छू लेने दो आसमाँ,

जाने दो गहराइयों में,

लाने दो मुझें मोती ....।

काल-चक्र

जीवन पथ जटिल है ये, पग-पग पर रोड़ा है
विध्वंश हो रहा जग सारा है, काल-चक्र का तकाज़ा है ।
खुले बदन घूम रहे है, लेकर डाकुओ का ताज ये,
हर तरफ लहलहा रहा है, डाकुओं का गाँव ये ।
कदम-कदम पर भेदभाव है, रक्त रंजित हर पाँव है ।
हर-पल ले रहा जन्म , कुल वंश की छावं ये,
कोने-कोने दुबके पड़े , राष्ट्र के निगहबान हैं ।
हर तरफ त्राहिमाम हैं, पर कहीं बज रहा मृदङ्ग है,
काल ये कपाल तू, छोड़ मत बैठ, जा तू-
ये विधि का विधान है ,
पलट दे जग सारा , ये ब्रह्मशास्त्र ज्ञान हैं,
क्या करे युवा बेचारा, प्रधान से परेशान हैं
भ्रष्ट का दरबार है, दलाल मालामाल हैं .

यारी न्यारी

वो दिन बहुत याद आते हैं
तुम एक खुदा का दिया हुआ,
इंसानो–सी बनी हुई,
आशाओं से परिपूर्ण, निर्भिक्तों से दूर,
पाक तुम्हारा मन, चंचलताओ से सरोबार,
यादों को समेटे हुए, हँसी की छटा बिखेरे,
साथ गुज़रे, चंद लम्हों की जगमगाती हुई –
एक शाम हो तुम,
चंद बातों से , बीती यादों से और भी –
उमंग भर देती हो,
जैसे–मधुरमय तान सुरिली हो तुम,
तुम्हारी दोस्ती तब, और भी ग़हरी होती हैं,
जब तुम बोलती हो, हमें तुम पे नाज है !
हमारी दोस्ती तब और भी मुक्कम्मल होती है,
जब तुम बोलती हो, तुम पे मुझे विश्वास है।
तब तुमसे मिलना जिंदगी का–
एक नया , खूबसूरत , जिंदादिली तज़ुर्बा था ।
जी लिए जो ज़िन्दगी थी ,
बीत गयीं वो यादें
लिख लूं सारे एहसास,
पिरो दूँ सारे शब्द जज़्बात,
तो भी कम पड़ जायेंगे ,
तुम्हारे दिए हुए एहसास।

लम्हें बिखरते गए

यादों को तराश कर
लम्हों से चुराकर
इन पलों को
जुटाया था हमने ।
सोचा था पलट दूंगी
ज़िन्दगी के कुछ बंद पन्ने
सतरंगी होगा सपनों का इन्द्रधनुष
होगा बहारों सा मौसम ।
आसमां सी चाहत होगी
होगा विहगों सा हौसला
खिलेंगे फूल उपवन में
मयूर नाचेंगे प्योधर में ।
मगर, यादें बढ़ती गयीं
लम्हें बिखरते गए
जो आज थे वह
कल होते गए
मानो कंठहार बनने के पहले हीं
मोती बिखर गए ।